Crenças de eficácia em contexto educativo

Roberta G. Azzi
Diana A. Vieira
(Organizadoras)

Crenças de eficácia em contexto educativo

Série Teoria Social Cognitiva em Contexto Educativo
Vol. 2

Casa do Psicólogo®
uma empresa PEARSON

Editor: *Ingo Bernd Güntert*
Coordenadora Editorial: *Marcela Roncalli*
Assistente Editorial: *Cíntia de Paula*
Produção Editorial e Capa: *Casa de Ideias*

Dados Internacionais de Catalogação na Publicação (CIP)
Angélica Ilacqua CRB-8/7057

Crenças de eficácia em contexto educativo / Roberta Gurgel Azzi, Diana Aguiar Vieira (orgs.). - São Paulo : Casa do Psicólogo, 2014. (Série teoria social cognitiva em contexto educativo, v. 2)
104 p.

ISBN 978-85-8040-429-6

1. Crenças 2. Informática na educação 3. Prática docente 4. Ensino I. Título II. Vieira, Diana Aguiar III. Série

14-0600 CDD 370.15

Índices para catálogo sistemático:
1. Psicologia educacional

Impresso no Brasil
Printed in Brazil

As opiniões expressas neste livro, bem como seu conteúdo, são de responsabilidade de seus autores, não necessariamente correspondendo ao ponto de vista da editora.

Casapsi Livraria e Editora Ltda.
Avenida Francisco Matarazzo, 1500 - Conjunto 51
Edifício New York - Centro Empresarial Água Branca
Barra Funda - São Paulo/SP - CEP 05001-100
Tel. Fax: (11) 3672-1240
www.casadopsicologo.com.br

Impressão e acabamento
Digital Page Gráfica e Editora Ltda.

Publicação derivada do projeto *Teoria Social Cognitiva: promovendo reflexões sobre práticas educacionais*, apoiado pela Fundação de Amparo à Pesquisa do Estado de São Paulo (Fapesp), processo 2009/53794-9, e pelo Fundo de Apoio à Pesquisa, ao Ensino e à Extensão (Faepex/Unicamp), processo 005/2010. O projeto contou também com o suporte institucional da Faculdade de Educação da Unicamp e com a colaboração de alunos e colaboradores do Núcleo de Estudos Avançados em Psicologia Cognitiva e Comportamental (Neapsi) da Faculdade de Educação da Unicamp.

Projeto coordenado por Roberta Gurgel Azzi.
Contato: azzi@unicamp.br

Para Al Bandura, o grande inspirador de nossos trabalhos.

Apresentação

Este volume apresenta e discute, em diferentes aspectos, as crenças de eficácia pessoal e coletiva. Como proposta da coleção que o volume integra, a escrita do texto é dirigida a leitores iniciantes na teoria social cognitiva. Os capítulos foram escritos por estudiosos da teoria que exploram, coletiva ou individualmente, as crenças de eficácia, importante aspecto da teoria de Albert Bandura.

Para favorecer a leitura e a compreensão das crenças de eficácia, foi inserido um caso analítico escrito por Elias José de Lima Junior e Warley Guilger Corrêa, o caso José, escrito durante o período em que ambos frequentavam um grupo de estudo sobre a teoria, tarefa proposta para favorecer a compreensão da explicação teórica ao cotidiano. Aos autores fica registrado nosso agradecimento pela colaboração neste livro. O caso é composto por duas partes: a primeira faz a descrição da história sobre a personagem criada, e, na segunda, os autores fazem uma análise teórica do caso descrito. Entre as duas partes foi inserido um conjunto de exercícios que articulam o conhecimento teórico introduzido pelo livro em consonância com informações do caso apresentado. Esses exercícios têm o propósito de iniciar o leitor na complexa tarefa de articular conhecimento teórico novo em determinado contexto. É preciso registrar, também, a importante colaboração de Ana Paula Basqueira na preparação dos exercícios propostos.

Roberta Gurgel Azzi
Diana Aguiar Vieira
(Organizadoras)

Conteúdo

Crenças de eficácia pessoal e coletiva

Roberta Gurgel Azzi
Diana Aguiar Vieira
Roberto Tadeu Iaochite
Luiza Cristina Mauad Ferreira
Daniela Couto Guerreiro-Casanova

O estudo de crenças de eficácia pessoal e coletiva tem sido um grande campo de pesquisa de Albert Bandura, tendo o tema das crenças se tornado o foco de uma importante publicação do autor, o livro *Self-efficacy, the exercise of control* (*Autoeficácia, o exercício do controle*), publicado em 1997. Considerando a importância do tema no conjunto da obra de Bandura e o desenvolvimento de estudos pelo grupo que desenvolve o projeto do qual esta publicação é parte, foi preparado este volume que aprofunda o tema das crenças de eficácia na perspectiva teórica e discute as crenças de eficácia pessoal e coletiva no contexto educativo brasileiro.

Crenças de autoeficácia

A Teoria Social Cognitiva (TSC) de Albert Bandura (1986) é uma proposta explicativa do comportamento humano e ainda em construção pelo próprio autor que continuamente tem trabalhado pelo aprimoramento do escopo teórico de sua perspectiva psicológica. Nesse contínuo movimento de construção teórica, Bandura dispõe de dados produzidos por pesquisadores em diferentes áreas do conhecimento (saúde, organizacional, esporte, educação) que compartilham sua visão teórica e que constantemente oferecem novos dados e nuances teórico-explicativas para os desafios postos à Teoria Social Cognitiva enquanto abordagem dentro da psicologia contemporânea (Azzi & Polydoro, 2006).

Bandura (1977) define autoeficácia como "as crenças que a pessoa tem acerca de sua capacidade para organizar e executar cursos de ação requeridos para alcançar determinados tipos de desempenho" (p. 3). As crenças de autoeficácia oferecem as bases para a motivação humana, o bem-estar e as realizações pessoais, estando, dessa maneira, diretamente ligadas ao funcionamento das capacidades humanas. Por sua vez, Bandura (1997) propõe que os processos cognitivos, motivacionais, afetivos e seletivos são responsáveis pelos pensamentos antecipatórios, seleção dos cursos de ação, ativação do organismo e estados emocionais vivenciados, conforme pode ser observado adiante na Figura 1.

Os processos cognitivos permitem ao indivíduo definir seus objetivos cognitivamente, antecipar resultados e avaliar suas capacidades diante dos níveis de desempenho e de compromisso com a tarefa. Tais processos permitem também a comparação social que é um fator de engajamento ou não nas ações para atingir os objetivos estabelecidos. Alguns estudos de comparação social (Bandura & Jourden, 1991) identificam mecanismos autorregulatórios por meio dos quais a percepção de habilidade do sujeito afeta a sua aprendizagem e o seu desempenho.

> A maioria dos cursos de ação é inicialmente delineada no pensamento. Muito do comportamento humano é regulado por pensamentos antecipatórios que estabelecem metas cognitivas (Bandura, 1997 p. 117).

Grande parte das ações dos indivíduos é regulada pelos pensamentos antecipatórios da mesma forma como os julgamentos efetuados sobre os cursos de ação escolhidos, colocando o processo cognitivo em funcionamento. Wood e Bandura (1989), com um experimento no meio organizacional, demonstram como as características organizacionais e o sistema de crenças podem aumentar ou diminuir o funcionamento cognitivo para avaliar a contribuição dos fatores autorregulatórios nas tomadas de decisões complexas. O processamento cognitivo também regula a crença sobre a extensão onde o ambiente no qual uma pessoa encontra-se é influenciável e controlável.

Estudos realizados com colaboradores, como Wood e Bandura (1989) e Bandura e Jourden (1991), explicitaram a importância da controlabilidade percebida para o desempenho de tarefas em ambientes organizacionais e ampliaram a generalidade das crenças de autoeficácia como preditoras do comportamento.

No processo motivacional, além de seu aspecto mediacional, há também um aspecto ativador do comportamento, pois a automotivação é cognitivamente gerada por pensamentos antecipatórios. Segundo Bandura (1977), a projeção no futuro pode estar contida no presente por meio dos pensamentos antecipatórios, ou seja, pelos mecanismos autorregulatórios, esses pensamentos são transformados em incentivos e cursos de ação.

A Teoria Social Cognitiva considera a proatividade, a autorregulação e a auto-organização características humanas que resultam de uma relação dinâmica entre o sujeito, o meio onde está inserido e o seu comportamento. Desse modo, não se considera que a pessoa é apenas influenciada pelo meio ambiente que modela e orienta, nem movida por impulsos internos. Estamos, portanto, diante de uma concepção do ser humano como um sujeito ativo que não vive passivamente à mercê de forças do seu meio externo, nem de impulsos internos pouco conscientes.

Figura 1 – Processos psicológicos pelos quais a autoeficácia afeta o funcionamento humano

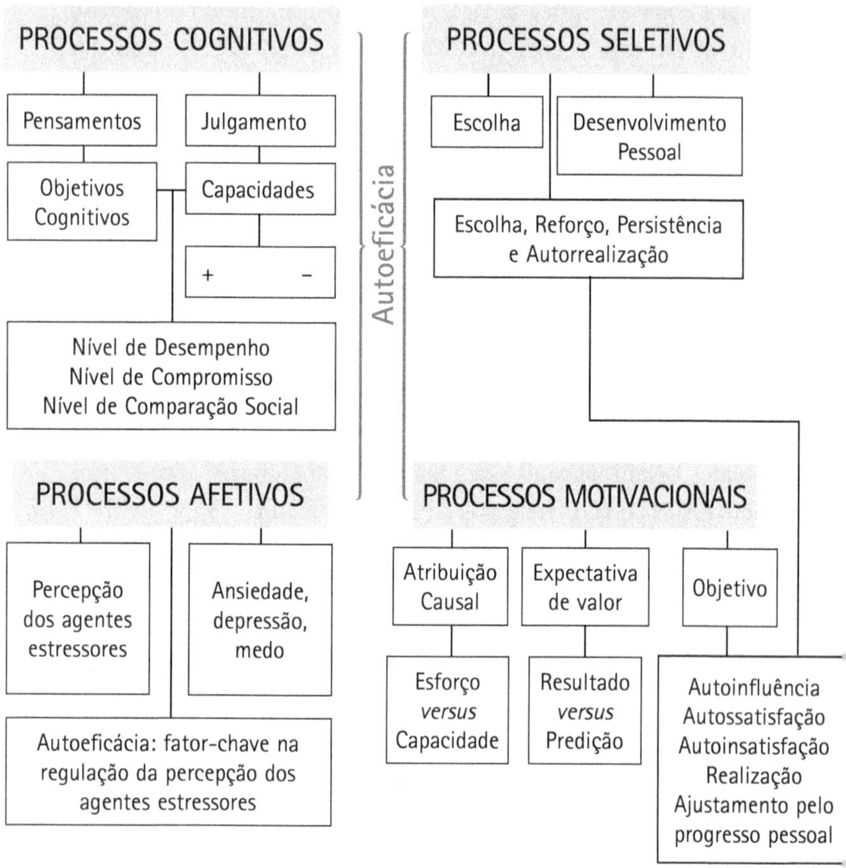

Fonte: Figura montada por Iaochite a partir de Bandura (1993).

Essas influências interatuantes entre os aspectos pessoais, ambientais e comportamentais denominam-se *relação triádica*, que é a base da concepção de Bandura (2008) do *determinismo recíproco*, em que os fatores pessoais (na forma de cognições, afetos e eventos biológicos), os aspectos comportamentais (as ações do sujeito) e ambientais criam interações que resultam em uma reciprocidade triádica (Figura 2) dos determinantes do funcionamento humano.

Figura 2 – Reciprocidade triádica do comportamento

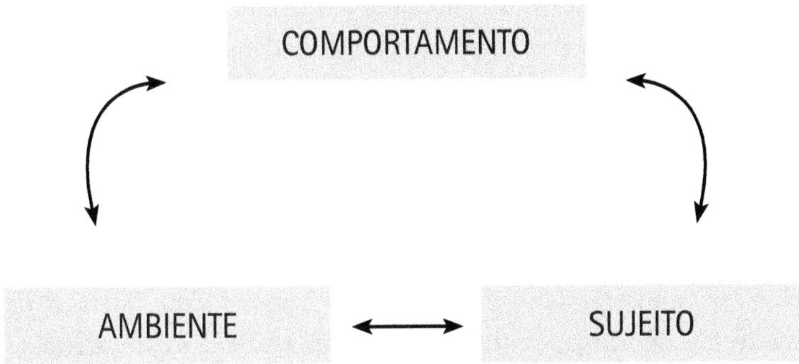

Fonte: Bandura (1997).

Ao considerar essa tríade do funcionamento humano, amplia-se a área de atuação de intervenções para melhoria de desempenho. Intervenções propostas, tanto para capacidades e habilidades comportamentais quanto para os processos motivacionais, cognitivos e emocionais, ou até mesmo ao nível das condições sociais em que esse sujeito vive.

Um dos conceitos centrais da Teoria Social Cognitiva é o conceito de Agência Humana. Para Bandura, o ser humano é agente de sua história, ou seja, ele avalia as consequências de suas ações e essa avaliação o coloca em uma posição de agente, ou seja, coloca-o como capaz de fazer as coisas acontecerem com suas ações e de se envolver proativamente nelas. "As pessoas não são nem agentes autônomos nem apenas condutores de influências estimulantes ambientais, ao contrário, contribuem de maneira causal para sua própria motivação e ação dentro de um sistema de causação recíproca triádica" (Bandura, 1989, p. 1175).

A adoção da postura agêntica do ser humano se dá pela existência de quatro capacidades essencialmente humanas que dotam os indivíduos de possibilidades de influenciar e determinar cursos de ação de suas vidas: capacidade de intencionalidade, capacidade de pensamento antecipatório, capacidade de autorreatividade e capacidade de autorreflexão (Bandura, 1997). É por meio da intencionalidade que as pessoas podem agir premeditadamente. A capacidade antecipatória possibilita que os símbolos sejam representados no futuro, antecipando consequências das ações que poderão – ou não – ser executadas. A autorreatividade possibilita que o indivíduo transforme suas intenções em ações, em realidade, e ocorre por meio da autorregulação do comportamento, envolvendo padrões pessoais, monitoramento das atividades e ações para alcançar os objetivos propostos. A capacidade de autorreflexão caracteriza-se por possibilitar a autoavaliação das próprias ações, do próprio pensamento e do próprio comportamento.

A natureza da tarefa e os conhecimentos e habilidades necessários para a sua execução são outros fatores que determinam o julgamento da autoeficácia. A mesma atividade pode exigir diferentes habilidades, em diferentes contextos (Bandura, 1997).

Segundo Pajares e Olaz (2008), as crenças de autoeficácia ajudam o indivíduo a escolher o que fazer, ou seja, a seleção das tarefas se dá contemplando aquelas em que ele se sente mais competente e confiante para executar. Isto é, a escolha das tarefas é pautada pela confiança dos indivíduos para a sua execução, e quanto maior for o senso de autoeficácia, maior a persistência apesar das dificuldades da tarefa.

O poder preditivo das crenças de autoeficácia em relação à escolha de tarefas, à motivação ou ao modo como nos sentimos em relação a determinadas atividades deu destaque ao conceito de autoeficácia percebida, principalmente pelo seu poder explicativo (Azzi, Polydoro & Bzuneck, 2006).

Bandura (1997) ainda destaca o quanto a autoeficácia percebida para atingir a demanda ocupacional afeta os níveis de estresse e a saúde física do trabalhador, e o quanto alguns ambientes organizacionais contribuem para o senso de eficácia do trabalhador. Sem dúvida alguma, tanto as condições do ambiente quanto as ações empregadas para atender à demanda, as condições fisiológicas do trabalhador e as crenças de autoeficácia interatuam e possibilitam – ou não – a resolução da condição estressora. Os indivíduos que têm uma autoeficácia percebida elevada escolhem resolver o problema com estratégias que melhoram seu trabalho e a sua qualidade de vida; já os que têm uma baixa eficácia ocupacional percebida acreditam que pouco podem fazer para alterar a situação em que se encontram e tendem a apresentar estratégias disfuncionais para aliviar a tensão, como o professor que não busca alternativas de apresentação de um mesmo conteúdo de diferentes maneiras, limitando-se a atribuir ao aluno o baixo desempenho apresentado.

As crenças de autoeficácia influenciam muitos aspectos da vida das pessoas independentemente de pensarem de forma positiva (produtiva e otimista) ou de forma negativa (pessimista e debilitante). São constituídas ao longo da vida do indivíduo, pela interatuação das dimensões cognitiva/afetiva, comportamental e ambiental, variando diferentemente em três dimensões. Desse modo, as crenças de autoeficácia podem variar quanto à sua magnitude (grau de dificuldade e complexidade visto como possível de ser enfrentado), força (grau de segurança da pessoa para realizar a tarefa) e generalidade (nível de generalização dessas crenças de eficácia pessoal para outros âmbitos de atividade).

Mas como se explica que algumas pessoas tenham elevadas crenças de autoeficácia e outras não? Para Bandura (1997), a constituição dessas crenças dá-se principalmente pela avaliação dos resultados da ação direta do indivíduo ou experiências de sucesso. Mas pode, também, ocorrer por meio das experiências vicárias, da persuasão verbal e dos estados afetivos e fisiológicos em que as dimensões do sujeito interatuam. Para o autor, a fonte das experiências diretas, ou seja, a avaliação que as pessoas fazem do resultado do seu desempenho coloca o sujeito em relação direta com os julgamentos de suas capacidades, fortalecendo-os ou enfraquecendo-os. A fonte de experiência vicária, calcada na aprendizagem por observação, coloca o indivíduo observando a ação do(s) modelo(s) social(ais), avaliando--a e, posteriormente, agindo mediante o que foi observado. A fonte de persuasão verbal está diretamente ligada ao comportamento verbal do(s) outro(s) adiante da realização de atividades. Afirmativas de possibilidade de realizações de sucesso emitidas por persuasores que avaliam a real habilidade do persuadido a executar as tarefas são fontes de criação, manutenção e aumento de crenças de autoeficácia. Os estados afetivos e fisiológicos, ou seja, os estados de humor, a ansiedade e/ou o estresse interferem na capacidade avaliativa das pessoas, podendo diminuir ou aumentar as crenças de autoeficácia. Os indivíduos têm a capacidade de alterar seus pensamentos e sentimentos por processos autorregulatórios, podendo alterar esses estados fisiológicos, transformando pensamentos negativos e temores sobre suas capacidades em pensamentos positivos e capacitantes.

Azzi e Polydoro (2006) apresentam a variabilidade de contextos nos quais o conceito vem sendo estudado, tais como a saúde, organizações e questões de ensino e aprendizagem, confirmando com estudo aprofundado a importância do constructo.

No domínio educativo, as crenças de autoeficácia exercem um papel fundamental na relação ensino-aprendizagem, dado que vários estudos mostram que a autoeficácia do professor está positivamente relacionada a vários comportamentos produtivos, incluindo organização e planejamento e a escolha de atividades baseadas na aprendizagem do aluno (Navarro, 2002; Shaughnessy, 2004).

Considerando essa breve descrição das crenças de autoeficácia, do modo como influenciam as ações humanas em diferentes contextos e como são constituídas, iremos seguidamente focar a função docente e como essas crenças influenciam o exercício das atividades docentes, a escolha das tarefas, o dispêndio de esforço, a perseveração na tarefa e a aquisição de competências (Schunk, 1991).

As crenças de autoeficácia são definidas como "as crenças que a pessoa tem acerca de sua capacidade para organizar e executar cursos de ação requeridos para alcançar determinados tipos de desempenho" (Bandura, 1997, p. 3).

Essas crenças são relativas a domínios de ações específicos, por exemplo: autoeficácia docente relativa à percepção do professor sobre a própria capacidade para realizar atividades docentes.

Essas crenças são construídas ao longo da vida e recebem influência dos aspectos pessoais, comportamentais e ambientais. Constituem-se como bases para a motivação humana, sendo mediadoras e preditoras das ações realizadas. No entanto, a presença da crença de autoeficácia não garante o sucesso da realização quando há ausência de conhecimento e/ou habilidade prévia necessárias.

Fontes de construção de autoeficácia na atividade docente

Neste tópico, abordaremos as fontes de construção das crenças de autoeficácia, trazendo o tema para um contexto mais aplicado, com foco no cenário de atuação de docentes.

Tendo como referência os pressupostos da Teoria Social Cognitiva, Tschannen-Moran, Woolfolk Hoy e Hoy (1998) afirmam que, ao fazer um julgamento da própria eficácia, o professor leva em consideração o que é exigido dele na situação de ensino em conjunto com as demandas do contexto (ambiente) no qual exerce a prática pedagógica. Essa avaliação produz interpretações sobre a relação dificuldade *versus* habilidades e capacidades necessárias que precisa ter para obter sucesso na realização da tarefa de ensinar.

Os estudos sobre as crenças de eficácia no domínio do ensino têm investigado diferentes níveis de ensino (desde a educação básica até o ensino superior) e contextos (escolas urbanas e rurais, diferentes países etc.). O interesse nesses estudos ocorre na medida em que a autoeficácia exerce um papel preditivo e mediacional na prática docente, na motivação, persistência e autorregulação dos alunos e nas tomadas de decisão da equipe administrativa da escola (Bandura, 1997; Tschannen-Moran & Gareis, 2004; Tschannen-Moran & Woolfolk Hoy, 2000; Woolfolk Hoy & Burke Spero, 2005; Zimmerman, 1995; Zimmerman & Cleary, 2006).

No âmbito da docência, são vários os fatores que afetam a eficácia do professor para ensinar. Dentre eles estão: os níveis de capacidade e de motivação dos alunos para aprender, as estratégias que o professor pode utilizar para ensinar, os materiais e o espaço disponíveis, a liderança do diretor, o clima motivacional da escola, o suporte recebido de outros professores, entre outros. Assim, na perspectiva da docência, a autoeficácia contribui para a determinação de como os professores se sentem, pensam, automotivam-se e comportam-se em relação aos seus pensamentos, ao contexto que vivenciam e às ações que realizam no cotidiano da prática docente ao desempenharem as tarefas ligadas ao processo ensino-aprendizagem no âmbito escolar e, em muitos casos, extraescolar.

Como dito anteriormente, Bandura (1997) postulou a existência de quatro fontes de informação que influenciam a formação das crenças de eficácia e vários esforços têm sido empregados nas pesquisas com o propósito de entender o modo como essas fontes contribuem para a constituição dessas crenças. Segundo o autor, essa compreensão ocorre pelo processamento de informação, advinda de uma ou de várias fontes, e que, nesse processo, a informação é avaliada cognitivamente pela autorreflexão que o indivíduo realiza. Consequentemente, tão importante quanto identificar a origem da informação, isto é, a fonte, é compreender como os indivíduos avaliam e integram essa informação que contribuirá para o estabelecimento das crenças de autoeficácia.

No contexto da docência, as fontes de informação da eficácia docente estão relacionadas com as situações vivenciadas no transcorrer das mais diversas atividades ligadas à prática pedagógica, como, no manejo da sala, na proposição de tarefas adequadas ao nível dos alunos e na respectiva mediação quando na realização das tarefas solicitadas, na mobilização dos alunos para aprenderem, nos encontros pedagógicos com a direção, supervisão e demais colegas da escola, em situações de reuniões com pais, entre outras. A seguir são apresentadas as fontes de autoeficácia, os mecanismos de influência sobre cada fonte e alguns exemplos no âmbito da docência.

Experiências diretas

As experiências de ensino vividas diretamente pelo professor constituem-se na forma mais efetiva de se criar um senso de eficácia. Um dos aspectos importantes desse tipo de fonte, e que vai além dos resultados obtidos na realização da tarefa, é o fornecimento de informação acerca da capacidade e não apenas o desempenho obtido pelo professor. Isto é, segundo Bandura (1997), o desempenho por si só não fornece informação suficiente para julgar o nível de capacidade de alguém. O autor comenta que, quando as pessoas experimentam o sucesso obtido de forma fácil, têm poucas chances de persistir quando o fracasso acontece. Por outro lado, quando alguém obtém êxito na atividade e esse resultado é avaliado como positivo e derivado do próprio esforço na superação de obstáculos presentes na atividade e/ou no ambiente, isso geralmente aumenta a crença na própria capacidade para executar esta atividade ou atividades similares. De fato, um senso resiliente de eficácia requer experiências de superação dos obstáculos por meio do esforço perseverante.

Resiliência é um termo originário da física que refere-se à capacidade de as pessoas continuarem seus cursos de vida e se recuperarem dos estressores percebidos sem maiores alterações quer físicas e/ou emocionais.

Quando se pretende alterar as crenças de autoeficácia a partir dessa fonte de informação, vários aspectos importantes precisam ser considerados nesse processo de mudança, tais como: a) as experiências anteriores; b) a quantidade de esforço necessário; c) a dificuldade da tarefa; d) a quantidade de apoio externo que se recebe; e) as demandas situacionais sob as quais a tarefa se realizará (Bandura, 1997). Assim, um coordenador pedagógico que objetive alterar a crença de eficácia dos professores por meio das experiências diretas com a meta de proporcionar experiências de êxito poderá, por exemplo, planejar níveis de dificuldade diferentes que atendam às diferenças individuais entre os professores; fornecer orientação necessária antes, durante e após a realização das atividades a serem realizadas; incentivar a manutenção do foco, isto é, da atenção naquilo que estão realizando; e estabelecer objetivos de curto, médio e longo prazo.

A percepção dos professores sobre suas experiências diretas de ensino é a maior fonte de informação da autoeficácia docente. Segundo Tschannen-Moran, Woolfolk Hoy e Hoy (1998), a autopercepção da competência para ensinar é afetada principalmente pelas experiências diretas e pelas sensações psicofisiológicas (frequência cardíaca, sudorese, pressão arterial, entre outras) decorrentes dessas experiências. Com efeito, é por meio da vivência das próprias situações de ensino que o professor retira informação sobre as suas capacidades para ensinar e para lidar com as tarefas de planejar, transmitir o conhecimento relativo à disciplina, manejar as situações e interações na aula, avaliar, entre outros.

Mulholland e Wallace (2001) também afirmam que a experiência direta é uma fonte importante das crenças de autoeficácia no ensino. Os autores relatam, num estudo de caso, os fatores que afetaram a transição do estágio para a prática docente de uma professora de ciências do ensino fundamental. Dentre as fontes mais evidentes que contribuíram para a crença de eficácia da professora, as experiências diretas foram apontadas com maior incidência, sobretudo em função do êxito obtido nas tarefas de manejar o comportamento das crianças na sala de aula.

Em outro estudo, Tschannen-Moran e Woolfolk Hoy (2007) encontraram diferenças na identificação das experiências diretas como uma das fontes de informação da crença de eficácia em docentes em início de carreira (menor ou igual a três anos de exercício profissional) e aqueles com experiência (maior que quatro anos como professor). Segundo os resultados do estudo, as experiências diretas foram moderadamente relacionadas às crenças de eficácia, tanto nos professores iniciantes como nos experientes. Para os professores iniciantes, as variáveis contextuais (ambiente) e as experiências diretas foram mais relevantes do que para os professores experientes, e isso se relaciona, segundo as autoras, com as diferentes formas como cada grupo de professores analisa o ensino. Buscando em Bandura uma explicação para esse fato, é provável que essa diferença seja explicada pela flexibilidade da crença em momentos de constituição (mais flexível no início da carreira) e por uma maior estabilidade da crença em função das experiências já vivenciadas ao longo do tempo, como é o caso nos professores mais experientes. Sobre essa fonte de informação é possível destacar que experiências de ensino com êxito, sobretudo aquelas em que há desafios a serem superados e que exigiram esforço, persistência e conhecimento do professor, são boas oportunidades para o fortalecimento da crença pessoal de que se é capaz de cumprir essa tarefa.

Experiências vicárias

Um segundo caminho de construção das crenças de eficácia é por meio das experiências aprendidas pela observação de modelos sociais cujas características sejam similares às do observador (ainda que isso não seja o fator principal, mas pode potencializar a fonte de informação). Isto é, à medida que se observa outras pessoas na realização de um dado comportamento, isso pode gerar a percepção de que também se é capaz de se comportar da mesma forma. A respeito do potencial dessas experiências na constituição e aumento da crença de autoeficácia, Bandura (1997, p. 88) destaca:

> As pessoas buscam ativamente modelos proficientes que possuam as competências que elas almejam. Por seu comportamento e formas expressas de pensamento, os modelos competentes transmitem conhecimento e ensinam aos observadores habilidades efetivas e estratégias para gerenciar as demandas do ambiente.

Ao retratar as circunstâncias nas quais a contribuição das experiências vicárias é mais evidente na constituição da crença de autoeficácia, Bandura (1997) afirma que a autoeficácia é mais sensível a essa fonte quando as pessoas possuem pouca experiência na tarefa a ser realizada ou quando duvidam da própria capacidade para realizá-la. Nesses casos, os modelos funcionam como referências de comportamento e essa informação é utilizada como padrão de comparação na avaliação da capacidade pessoal daqueles que observam. O autor destaca que, além desse processo de inferência social de comparação, a automodelação é outra forma que influencia a autoeficácia. Por exemplo, ao mostrar para o indivíduo um vídeo editado contendo as experiências de êxito que ele obteve numa dada tarefa, se está oferecendo-lhe a possibilidade de aumentar as crenças de autoeficácia, uma vez que a observação dessas imagens reforça positivamente o julgamento da capacidade para realizar de forma competente tal tarefa. Outra forma de experiência vicária diz respeito à modelação simbólica que está diretamente relacionada com uma extensa variedade de modelos presentes nos meios de comunicação midiática, como televisão, jornais, filmes, Internet etc.

Ao apontar os fatores que contribuem para o processamento da informação vinda das experiências vicárias, Bandura (1997) esclarece que a "similaridade ao modelo é um fator que aumenta a relevância pessoal da informação do desempenho modelado sobre as crenças de eficácia do observador" (p. 96). Outro fator apontado por Bandura diz respeito à similaridade de atributos, isto é, o quão similares são as características pessoais entre modelo e observador. Dentre essas características, estão o gênero, a idade, os níveis socioeconômico e educacional e a etnia, sendo que idade e gênero parecem ter maior influência. Ainda nesse aspecto, a multiplicidade e diversidade de modelos e as formas de modelação – de enfrentamento (*coping modeling*) e de domínio (*masterly modeling*) – são outros fatores apontados pelo autor.

Quanto à multiplicidade de modelos, Bandura afirma que a exposição de um observador a um único modelo pode ser indicativo de um caso em particular. Por outro lado, ao expor o observador a uma quantidade maior de modelos competentes, favorece-se o aumento da força que a experiência vicária pode incidir sobre a crença de eficácia.

Já quanto à diversidade, a exposição a um ou mais modelos com diferentes níveis de habilidade, executando diferentes tarefas complexas com esforço e persistência, pode aumentar a autoeficácia do observador quando este percebe possuir mais competência do que alguns dos indivíduos apresentados como modelos naquela atividade ou tarefa. Portanto, vale reafirmar, a partir da explicação de Bandura (1997), que, dentre os vários atributos que o modelo possui, o nível de competência é o que carrega maior importância na avaliação da capacidade do observador.

Com relação às experiências vicárias no campo da docência, observar outros professores ministrando aulas, assistir a filmes e vídeos cujo conteúdo aborde situações relacionadas às ações de professores são alguns dos exemplos de como esse tipo de fonte pode contribuir para a formação da autoeficácia docente. Além destas, observar a própria prática, por exemplo, por meio de vídeos e/ou observar professores com igual ou maior experiência obtendo sucesso com esforço e demonstração de competência, são oportunidades para modificar as crenças de autoeficácia de professores. Para Tschannen-Moran, Woolfolk Hoy e Hoy (1998), professores considerados modelos de sucesso são bases para mostrar que ensinar pode ser uma tarefa possível de ser manejada e que os recursos pessoais e do contexto podem ser adequados. Acrescentam, ainda, que professores em início de carreira, quando são comparados com outros professores mais experientes e de sucesso, tendem a acreditar na sua própria capacidade para se tornar professores de sucesso quando se encontrarem em situações similares às dos professores modelos.

Persuasão social

A persuasão social é outra fonte de informação sobre as crenças de capacidade e funciona na medida em que se busca persuadir o outro, em geral, verbalmente, para que haja um aumento do esforço e de forma contínua, principalmente quando há a necessidade de superação dos desafios presentes na atividade e no contexto em que esta é desenvolvida. Além dessa função, a persuasão pode favorecer as crenças de autoafirmação de maneira que estas criem autoincentivos para o desenvolvimento do nível de habilidade, de crenças de autoeficácia e possam fornecer informação de desempenho por meio de *feedback* (Bandura, 1997).

Bandura (1986; 1997) afirma que o impacto que a persuasão pode causar na constituição da crença depende da credibilidade, do conhecimento e da experiência da fonte persuasiva na atividade em questão.

Coordenadores, supervisores de ensino e diretores de escola são especialistas em planejar, executar, gerenciar e avaliar diferentes situações de ensino e de aprendizagem, estando, frequentemente, em contato uns com outros. Nesse contexto, a persuasão social pode servir como uma forma adjacente para influenciar as crenças de eficácia de professores e alunos. Por exemplo, ao estruturarem atividades objetivando o sucesso dos alunos, os professores podem utilizar-se da persuasão social para incentivá-los a buscar o êxito por meio de tarefas adequadas, orientações efetivas, palavras de apoio e de avaliações que fortaleçam a crença de eficácia dos alunos. Dessa forma, podem ser considerados exemplos dessa fonte de informação no caso da docência as sugestões, os comentários que o professor recebe dos alunos, de coordenadores, diretores ou mesmo de seus colegas de trabalho, participação em cursos, palestras e seminários com especialistas. A literatura tem apontado diferentes resultados quanto à influência da persuasão sobre as crenças de autoeficácia de professores e alunos. Hall, Burley, Villeme e Brockmeier (1992) e Woolfolk Hoy e Burke Spero (2005) encontraram relações positivas entre as crenças de eficácia e o suporte social vindo do corpo administrativo, colegas de trabalho, pais e da comunidade, sobretudo para professores em início de carreira. De fato, o apoio que professores recebem de seus coordenadores, diretores, pais e dos próprios alunos, por exemplo, por meio de orientações diretas, *feedback* de desempenho, elogios e/ou críticas, podem funcionar como uma forma de persuasão social na medida em que tendem a levar o professor a acreditar que está conseguindo (ou não) realizar seu trabalho, atingindo os objetivos estabelecidos e corrigindo rotas estabelecidas para a aprendizagem.

Estados fisiológicos e afetivos

A quarta fonte de informação da crença de autoeficácia é denominada de estados fisiológicos e afetivos. Nível de ativação (*arousal*), fadiga, estresse, ansiedade, tensão, dor e estados de humor são manifestações que podem alterar a percepção de autoeficácia, pois afetam diretamente o julgamento que as pessoas fazem sobre a própria capacidade para realizar determinada tarefa. O controle adequado do nível de ativação na realização de tarefas ou no enfrentamento de barreiras é uma das características importantes para se vivenciar situações de sucesso, podendo contribuir para o fortalecimento das crenças de eficácia. Já o desencadeamento de diferentes reações psicofisiológicas – sudorese excessiva, queda de pressão arterial, alteração da frequência cardíaca, dor, fadiga, ansiedade, medo – podem alterar a crença de quão competente alguém pode avaliar-se, e, assim, diminuir (ou não) a mobilização de esforços para a realização de uma dada tarefa (Bandura, 1986; 1997; Mulholland & Wallace, 2001; Tschannen-Moran, Woolfolk Hoy, & Hoy, 1998).

É interessante apontar que, no contexto da docência, esse nível de ativação pode ser percebido por diferentes comportamentos como sudorese excessiva, mãos trêmulas, rubor facial, e o indivíduo pode interpretá-los positivamente (como uma forma de ativação e preparação para a atividade) ou negativamente (como algo que irá prejudicar o desempenho da atividade). Dependendo das circunstâncias ambientais, da construção das experiências de ensino do professor e da intensidade do nível de ativação, a informação advinda dessa fonte poderá ter impacto diferente na constituição da crença de autoeficácia do professor.

Relacionando o nível de ativação com o focalizar da atenção, é possível acreditar que níveis moderados de ativação possam favorecer a direção da atenção para aspectos que auxiliem positivamente na realização da atividade. Bandura (1997) pontua que tão importante quanto o nível de ativação é conhecer como ele é percebido e interpretado; e isso tem relações com as crenças de eficácia na medida em que as pessoas lembram-se de experiências passadas e de como estas desencadearam as reações psicofisiológicas.

Quanto aos estados afetivos, Bandura (1997) encontrou relações entre as crenças de eficácia e os estados de humor atestando que os resultados de estudos que investigaram essas relações apoiam a afirmativa de que o impacto do humor sobre as crenças de autoeficácia é parcialmente mediado pela lembrança seletiva das experiências passadas de sucesso e fracasso que um indivíduo armazena na memória.

Nessa direção, vivenciar situações de ensino que gerem sentimentos positivos, como prazer, satisfação e/ou entusiasmo, pode contribuir para o aumento da crença de eficácia do professor.

A crença de autoeficácia do professor é um autojulgamento realizado considerando o que é exigido dele na situação de ensino em conjunto com as demandas do contexto escolar em que atua, produzindo interpretação da relação entre as dificuldades *versus* habilidades necessárias para ensinar.

A crença de autoeficácia docente contribui para determinar como os professores se sentem, pensam, automotivam-se e comportam-se diante das vivências escolares, atuando como mediadoras do bem-estar dos professores.

A autoeficácia docente não é estática, podendo oscilar ao longo do tempo. É formada com base nas fontes de informação:

- experiências diretas: os resultados das ações realizadas pelos docentes são as principais fontes de construção da autoeficácia docente;
- experiências vicárias: ao se observar uma outra pessoa atuando, pode-se gerar a percepção de que também se é capaz de se comportar da mesma forma;
- persuasão social: a persuasão pode favorecer a autoafirmação necessária para desenvolver a habilidade necessária e a autoeficácia para a realização da ação. Quanto maior a credibilidade de quem persuade, maior o efeito dessa fonte;
- estados físicos emocionais: a fadiga, o estresse, a ansiedade e a tensão podem alterar a percepção da autoeficácia. O controle adequado dessas sensações é importante para se realizar determinadas tarefas e fortalecer a autoeficácia.

Crenças de eficácia coletiva

A crença de eficácia coletiva é relativa ao modo como os "membros de um grupo julgam a capacidade desse grupo para tomar decisões, para conseguir os recursos e as estratégias necessárias para a realização de determinadas atividades, bem como para superar as falhas cometidas" (Bandura, 1986, p. 451). Esta é definida como uma "crença grupal partilhada em suas capacidades conjuntas para organizar e executar os cursos de ações requeridos para produzir determinados níveis de tarefas" (Bandura, 1997, p. 477). Desta definição, é importante destacar as palavras "crença grupal partilhada", pois este é o ponto-chave dessa crença, que considera a capacidade de agir e produzir resultados do grupo como um todo. Para tanto, considera a interatividade e a coordenação dinâmica de cada membro integrante do grupo para se julgar a eficácia coletiva de tal grupo. Ou seja, o julgamento sobre a eficácia coletiva do grupo inclui a percepção de um membro sobre a capacidade dos outros membros (incluindo ele mesmo) de interagirem a fim de produzir determinadas tarefas (Zaccaro, Blair, Peterson & Zazanis, 1995). Cada membro do grupo pode ter uma percepção sobre a eficácia coletiva do grupo que integra. Quando há pouca variação entre os julgamentos dos membros do grupo, há uma crença de eficácia coletiva mais coesa, denotando uma crença grupal partilhada. Essa crença torna-se parte da estrutura normativa e da cultura do grupo. A ocorrência de variação entre os julgamentos da eficácia coletiva é decorrente do aspecto pessoal, ou seja, de um membro julgar determinado grupo de acordo com as suas próprias percepções. No entanto, se a variação entre as percepções de eficácia coletiva forem muito intensas, pode-se dizer que esse grupo apresenta uma crença de eficácia coletiva menos coesa, podendo indicar problemas na dinâmica de interação dos membros do grupo e nas realizações das atividades relativas a esse grupo.

A percepção da competência do grupo sobre a capacidade de coordenar esforços e agir coletivamente constitui outro aspecto relativo à percepção de eficácia coletiva. A percepção sobre quão bem os membros do grupo podem cumprir as tarefas às quais foram designados, cumprir com o cronograma de ações, distribuir os recursos, identificar os problemas e desenvolver estratégias para solucioná-los são alguns dos aspectos que influenciam a percepção de eficácia coletiva. Nesse sentido, o importante é o quão bem os membros do grupo podem agir de modo coordenado e interativo, pois se um grupo for composto por pessoas altamente capacitadas, mas que não conseguem atuar coletivamente de modo orquestrado, esse grupo não terá o mesmo poder que um grupo formado por pessoas com menores capacidades, mas largamente interconectadas durante a realização das atividades do grupo. Não se pode dizer que um grupo percebe-se como coletivamente eficaz apenas porque ele é homogêneo ou heterogêneo em relação às competências de seus integrantes. A maneira como cada membro contribui para o grupo, compartilhando seus conhecimentos e habilidades, de modo a integrar os recursos individuais, influencia a eficácia coletiva (Zaccaro *et al.*, 1995).

A crença de eficácia coletiva refere-se à percepção de todos os membros de um grupo sobre a capacidade de esse grupo poder realizar suas tarefas com êxito. Um grupo pode ter crença de eficácia coletiva coesa independentemente das capacidades individuais de seus membros. Mais importante do que a homogeneidade entre as capacidades dos membros é a capacidade de os membros trabalharem de modo coletivo e organizado.

Eficácia coletiva e mudanças sociais

Segundo Bandura (1995, p. 2), "as pessoas precisam ser capazes de trabalhar conjuntamente se elas querem realizar o destino compartilhado e preservar o ambiente habitável para as gerações futuras". Em ambientes educacionais, tal premissa pode ser compreendida como a necessidade de se implantar estratégias efetivas para possibilitar a reconciliação entre os conflitos de interesses, desenvolver senso de propósito e mobilizar o apoio da comunidade para a melhora educacional.

Sabe-se que, quando se trata de promover mudanças sociais, o velho ditado "uma andorinha não faz verão" tem-se mostrado verdadeiro. Individualmente, as pessoas percebem-se pouco capazes de promover mudanças sociais, no entanto, de modo conjunto com outros membros do grupo, percebem-se mais capazes de promover mudanças sociais agindo coletivamente. Entende-se, aqui, que mudanças sociais são mudanças relativas a ambientes em que duas ou mais pessoas atuam conjuntamente, como uma escola, uma empresa, uma família, um bairro, uma cidade ou uma nação (Fernandez-Ballasteros, Duez-Nicolas, Caprara, Barbaranelli, & Bandura, 2002). Para atuar conjuntamente, tem sido verificado que a eficácia coletiva percebida pelos membros do grupo é fundamental. Um grupo com crença de eficácia coletiva coesa e positiva mostra-se mais motivado para realizar suas atividades, para atingir objetivos comuns ao grupo, para superar as adversidades e mais abertos para novas ideias desafiadoras (Bandura, 2008; Zaccaro *et al.*, 1995).

A crença de eficácia coletiva também tem-se mostrado como um importante aspecto mediador de transformação social em ambientes com *status* socioeconômico diversos (Fernandez-Ballesteros *et al.*, 2002; Goddard & Logerfo, 2007; Hoy, Sweetland & Smith, 2002). Claramente, as condições ambientais como déficits educacionais e condições socioeconômicas desfavoráveis afetam a eficácia coletiva de um grupo ou de uma comunidade. Mas, quando tais grupos conseguem se organizar em prol de um mesmo objetivo, mudanças sociais que trazem maior qualidade para a vida das pessoas têm sido verificadas. Esse aspecto é de suma importância para os educadores porque as unidades escolares estão irradiadas ao longo das sociedades e alcançam quase todas as comunidades que a compõem. Assim, há escolas instaladas em comunidades com estrutura socioeconômica mais bem elaborada, como há escolas em comunidades com altos índices de necessidades socioeconômicas. Escolas que possuem uma crença de eficácia coletiva mais coesa e positiva têm-se mostrado mais eficientes para superar os obstáculos socioeconômicos que as permeiam, conseguindo oferecer um processo de ensino mais adequado aos estudantes. Esse aspecto é muito importante, dado que é mais viável alterar a percepção de eficácia coletiva escolar do que as condições socioeconômicas que permeiam a escola (Goddard & Logerfo, 2007; Hoy *et al.*, 2002; Tschannen-Moran & Barr, 2004), isto é, intervindo ao nível das crenças de eficácia coletiva, é possível conseguir melhorias no processo ensino-aprendizagem, mesmo em ambientes escolares economicamente desfavorecidos.

> Coletivamente as pessoas têm maior condição de promover mudanças sociais, buscando melhores condições de atuação e/ou de vivência nos grupos em que atuam.

Referências

Azzi, R. G., & Polydoro, S. A. J. (2006). Autoeficácia proposta por Albert Bandura: algumas discussões. In R. G. Azzi, & S. A. J. Polydoro. (Orgs.). *Autoeficácia em diferentes contextos* (pp. 9-23). Campinas, SP: Alínea.

Azzi, R. G., Polydoro, S. A. J., & Bzuneck, J. A. (2006). Considerações sobre a autoeficácia docente. In R. G. Azzi, & S. A. J. Polydoro. (Orgs.). *Autoeficácia em diferentes contextos* (pp. 149-159). Campinas, SP: Alínea.

Bandura, A. (1977). Self-efficacy: toward a unifying theory of behavioral change. *Psychological Review*, 84(2), 191-215.

Bandura, A. (1986). *Social foundations of though and action* (pp. 391--453). New Jersey: Prentice- Hall.

Bandura, A. (1989). Human agency in social cognitive theory. *American Psychologist*, 44(9), 1175-1184.

Bandura, A. (1993). Perceived self-efficacy in cognitive development and functioning. *Educational Psychologist*, 28(2), 117-148.

Bandura, A. (1995). Exercise of personal and collective efficacy in changing societies. In A. Bandura. (Ed.). *Self-efficacy changing societies* (pp. 1-45). New York: Cambridge University Press.

Bandura, A. (1997). *Self-efficacy: the exercise of control*. New York: W. H. Freeman.

Bandura, A. (2008). A evolução da teoria social cognitiva. In A. Bandura, R. G. Azzi, & S. Polydoro. (Orgs.). *Teoria Social Cognitiva, conceitos básicos* (pp. 15-42). Porto Alegre: Artmed.

Bandura, A., & Wood, R. (1989). Effect of perceived controllability and performance standards on self-regulation of complex decision-making. *Journal of Personality and Social Psychology*, 56, 805-814.

Bandura, A., & Jourden, F. J. (1991). Self-regulatory mechanisms governing the impact of social comparison on complex decision making. *Journal of Personality and Social Psychology*, 60(6), 941-951.

Fernandez-Ballasteros, R., Duez-Nicolas, J., Caprara, G. V., Barbaranelli, C., & Bandura, A. (2002). Determinants and structural relation of personal efficacy to collective efficacy. *Applied psychology: an international review*, *51*(1), 107-125.

Goddard, D. R., & Logerfo, L. F. (2007). Measuring emergent organizational properties a structural equation modeling test of self- versus group-referent perceptions. *Educational and Psychological Measurement*, 67(5), 845-858.

Hall, B., Burley, W., Villeme, M., & Brockmeier, L. (1992, April). An attempt to explicate teacher efficacy beliefs among first year teachers. Paper presented at the annual meeting of the *American Educational Research Association*, San Francisco, CA.

Hoy, W. K., Sweetland, S. R., & Smith, P. A. (2002). Toward organizational model of achievement in high schools: the significance of collective efficacy. *Educational Administration of Quarterly*, *38*(1), 77-93.

Mulholland, J., & Wallace, J. (2001). Induction and elementary science teaching: enhancing self-efficacy. *Teaching and Teacher Education*, *17*(2), 243-261.

Navarro, L. P. (2002). El análisis de las creencias de autoeficacia: un avance hacia el desarrollo profesional de docente. *Miscelánea Comillas*, 60, 591-612.

Pajares, F., & Olaz, F. (2008). Teoria Social Cognitiva e autoeficácia: uma visão geral. In A. Bandura, R. Azzi, S. A. J. Polydoro & col. *Teoria social cognitiva: conceitos básicos* (pp. 97-114). Porto Alegre: Artmed.

Schunk, D. H. (1991). Self-efficacy and academic motivation. *Educational Psychologist*, *26*(3-4), 207-231.

Shaughnessy, M. F. (2004). An interview with Anita Woolfolk: the educational psychology of teacher efficacy. *Educational Psychology Review*, *16*(2), 153-176.

Tschannen-Moran, M., & Hoy, W. K. (2000). A multidisciplinary analysis of the nature, meaning, and measurement of trust. *Review of Educational Research*, *70*(4), 547-593.

Tschannen-Moran, M., & Barr, M. (2004). Fostering student learning: the relationship of collective teacher efficacy and student achievement. *Leadership and Policy in Schools*, *3*(3), 187-206.

Tschannen-Moran, M., & Gareis, C. R. (2004). Principals' sense of efficacy: assessing a promising construct. *Journal of Educational Administration, 42*(5), 573-585.

Tschannen-Moran, M., & Woolfolk Hoy, A. (2007). The differencial antecedents of self-efficacy beliefs of novice and experienced teachers. *Teaching and Teacher Education, 23*(6), 944-956.

Tschannen-Moran, M., Woolfolk Hoy, A., & Hoy, W. K. (1998). Teacher efficacy: its meaning and measure. *Review of Educational Research*, 68(2), 202-248.

Wood, R. E., & Bailey, T. (1985). Some unanswered questions about goal effect: a recommended change in research methods. *Australian Journal of Management, 10*, 61-73.

Wood, R., & Bandura, A. (1989). Social Cognitive Theory of organizational management. *Academy of Management Review, 14*, 361-384.

Woolfolk Hoy, A., & Burke Spero, R. (2005). Changes in teacher efficacy during the early years of teaching: A comparison of four measures. *Teaching and Teacher Education, 21*(4), 343-356.

Zaccaro, S. J., Blair, V., Peterson, C., & Zazanis, M. (1995). Collective efficacy. In J. E. Maddux. (Org.). *Self-efficacy, adaptation, and adjustment: theory, research, and application* (pp. 305-328). New York: Plenum Press.

Zimmerman, B. J. (1995). Self-efficacy and educational development. In A. Bandura. (Ed.). *Self-efficacy in changing societies* (pp. 202-231). Cambridge: Cambridge University Press.

Zimmerman, B. J., & Cleary, T. J. (2006). Adolescents' development of personal agency: the role of self-efficacy beliefs and self-regulatory skill. In F. Pajares, & T. Urdan. (Eds.). *Self-efficacy beliefs of adolescents* (pp. 45-70). Greenwich: Information Age Publishing.

Professores e computadores: uma compreensão sobre as crenças de autoeficácia computacional docente

Cacilda Encarnação Augusto Alvarenga[1]

O que é autoeficácia computacional docente

A autoeficácia docente pode ser compreendida como a crença do professor sobre a sua própria capacidade de ensinar e promover a aprendizagem dos seus alunos (Navarro, 2002) e a "autoeficácia computacional docente" refere-se à crença do professor em sua capacidade para utilizar tecnologias computacionais ou de informação e comunicação (como computador, *softwares* e Internet) no processo

[1] A autora agradece o apoio da Fundação de Amparo à Pesquisa do Estado de São Paulo (Fapesp), que lhe concedeu uma bolsa na modalidade Doutorado (Processo nº 08/58645-9).

de ensino e aprendizagem dos seus alunos ou integrá-las ao ensino (Alvarenga, 2011; Alvarenga & Azzi, 2010).

As crenças dos professores em sua capacidade para ensinar utilizando-se de tecnologias é um dos fatores que podem influenciar o uso de tecnologias na sala de aula. Professores que têm alto nível de autoeficácia para ensinar com tecnologias tendem a ser mais motivados, despendem mais esforços e persistem em tarefas que envolvem o uso de tecnologias muito mais que professores que têm níveis mais baixos (Ertmer, Conklin, Lewandowski, Osika, Selo & Wignall, 2003; Albion, 2001).

- As pessoas diferem quanto à área, tarefa e nível em que apresentam autoeficácia.
- A autoeficácia influencia o estado motivacional do indivíduo, suas escolhas e o tempo que persiste diante de obstáculos e desafios (Bandura, 1977; 1986; 1997).
- Quanto maior a crença de autoeficácia computacional docente, maior tende a ser a motivação do professor para ensinar com tecnologias.
- A identificação do quanto o professor se sente confiante para realizar determinadas tarefas que envolvem o uso de tecnologias pode permitir identificar dificuldades relacionadas a essas tarefas que precisam ser superadas.

Fatores que podem interferir no nível de autoeficácia computacional docente

Vários estudos mostram que o nível da crença de autoeficácia computacional docente varia em função de fatores ou variáveis[2]

[2] Dado ou fator que pode variar, mudar ou ser representado por um ou mais valores (Vogt, 1993). Idade e tempo de experiência docente, por exemplo, podem variar de professor para professor, assim como a percepção que eles têm do quanto se

pessoais e contextuais, tais como o gênero, a rede de ensino que lecionam, o regime de contrato de trabalho, o tempo de graduado, o tempo de experiência docente, a área que cursou a graduação, a realização de pós-graduação, a satisfação como professor, a frequência de uso para fins pessoais, a frequência de uso para fins didáticos, a participação em cursos para uso didático de tecnologias, a habilidade para usar o computador, a preparação para usar tecnologias no ensino, a crença de que as tecnologias favorecem o processo de ensino e aprendizagem, o tempo que tem computador em casa, os recursos que utiliza para fins didáticos, a motivação para ensinar com tecnologias e o apoio do corpo administrativo (Alvarenga, 2011; Pamuk & Peker, 2009; Paraskeva, Bouta & Papagianni, 2008; Saleh, 2008; Akpinar & Bayramoğ, 2008; Seferoglu, 2007). Vamos a alguns exemplos.

Em relação à variável gênero, vários estudos constataram que as professoras apresentaram uma crença mais baixa de autoeficácia computacional que os homens (Alvarenga, 2011; Kagima & Hausafaus, 2000; Seferoglu, 2007). Apesar da ampliação do acesso ao computador e da inserção da mulher em diversas atividades que envolvem o seu uso, pode-se supor que professores homens gostem mais de computadores e tenham maior interesse em explorá-los do que as mulheres e, portanto, apresentem uma percepção mais elevada de autoeficácia computacional docente (Sang, Valcke, van Braak & Tondeur, 2010; Pamuk & Peker, 2009).

Quanto ao tempo de experiência docente, os resultados obtidos no estudo de Alvarenga (2011) coincidiram com os encontrados no estudo de Kagima e Hausafaus (2000), em que os docentes com menos de dez anos de experiência (entre um e nove anos) apresentaram uma crença de autoeficácia computacional mais alta do que aqueles com mais tempo de experiência docente.

---

sentem motivados para ensinar com tecnologias. Enquanto alguns podem se sentir muito motivados, outros podem se sentir pouco.

Alvarenga (2011) constatou também que os professores que graduaram há menos de dez anos também apresentaram mais altas crenças do que aqueles que graduaram há mais de dez anos. Considerando Vieira (2007), Maldaner (2007) e Pajares (1992), pode-se inferir que os professores com mais tempo de formados talvez não tenham passado pela experiência direta do uso didático das tecnologias informáticas ou pela sua discussão, durante o seu processo de formação, e, portanto, o desenvolvimento de sua crença de autoeficácia computacional docente não sofreu essa influência.

Segundo Vieira (2007) e Maldaner (2007), as novas tecnologias alteraram a relação do educador com a prática pedagógica: os professores que estão em serviço veem-se diante de mudanças culturais para as quais não foram preparados.

No estudo de Alvarenga (2011) o professor que tem uma crença mais alta de autoeficácia computacional docente é aquele que se considera com mais habilidade para usar o computador e mais preparado e motivado para ensinar com tecnologias. Conforme o autor, a "habilidade para usar o computador" e a "preparação para usar as tecnologias" podem ser trabalhadas a partir do acesso e exploração de recursos de informática e de programas de formação para o uso didático de tecnologias, os quais têm-se mostrado efetivos na tarefa de construir ou elevar a crença de autoeficácia. Porém, a "motivação para ensinar usando tecnologias de informática" é mais complexa de ser trabalhada, pois pode envolver uma mudança nas condições de trabalho do professor, tais como o tempo que o professor dispõe para a preparação de aulas utilizando-se de recursos tecnológicos, o suporte técnico e pedagógico e a própria infraestrutura disponível na escola.

Acredita-se que conhecer os fatores que mais influenciam a autoeficácia do professor para ensinar com tecnologias de informática – autoeficácia computacional docente (AECD) – torna possível a identificação de elementos importantes de serem considerados em políticas públicas de implementação de Tecnologias de Informação e Comunicação (TIC) na escola. A constatação de que os professores com maior confiança no uso dos recursos de informática no ambiente escolar tendem a ser aqueles que se consideram mais preparados e motivados para ensinar com tecnologias permite entender que, se houver estratégias para prepará-los e motivá-los, é provável que os professores integrem as tecnologias ao ensino. Ao verificar que os professores que se graduaram há mais tempo tendem a ter uma menor crença de AECD, pode-se pensar, por exemplo, em uma intervenção, como um programa de formação para o uso didático de tecnologias, que considere a formação e as concepções de ensino e aprendizagem desses professores.

- O nível da crença de autoeficácia computacional docente varia em função de fatores ou variáveis pessoais e contextuais.
- O conhecimento dos fatores que influenciam no nível da crença de autoeficácia computacional docente pode contribuir no planejamento e implementação de Tecnologias de Informação e Comunicação (TIC) na escola.

Como construir ou fortalecer a autoeficácia computacional docente

Segundo Bandura (1986; 1997), as crenças de autoeficácia são construídas a partir de quatro fontes principais de informação: experiências diretas (ou vivenciadas pelos indivíduos); experiências vicárias (experiências de observar outras pessoas executando tarefas); persuasão verbal ou social (julgamento, encorajamento verbal e outros tipos de influências sociais que informam o indivíduo acerca de suas capacidades) e estados fisiológicos e afetivos (por exemplo, cansaço, ansiedade, estresse, excitação e estados de humor a partir dos quais as pessoas parcialmente julgam suas capacidades, força e vulnerabilidade diante de situações).

A literatura aponta a efetividade de programas de formação de professores para o uso de tecnologias de informática como estratégia para construir ou aumentar a autoeficácia computacional ou autoeficácia computacional docente (Akpinar & Bayramog, 2008; Wang, Ertmer & Newby, 2004; Ertmer *et al.*, 2003). Por exemplo, quando os programas de formação de professores possibilitam que os participantes desenvolvam atividades pedagógicas, utilizando-se diretamente do computador (experiências diretas) ou que observem outros participantes realizando tarefas com esse recurso (experiência vicária), estão possibilitando também a construção ou aumento da crença de autoeficácia (Alvarenga & Azzi, 2009).

Segundo Oliver e Shapiro (1993), as experiências vicárias com o computador, ou seja, observar outras pessoas utilizando-o, aumentam os sentimentos de controle e confiança. Essas experiências também fazem o indivíduo querer aprender mais sobre a tecnologia, diminuindo e, eventualmente, eliminando o medo do desconhecido. Ao diminuir o medo e a ansiedade, as experiências positivas aumentam e, consequentemente, aumentam a autoeficácia e a disposição para dominar a tarefa. Pode-se compreender que reações como medo e ansiedade referem-se aos estados emocionais e afetivos que também contribuem para a constituição das crenças de autoeficácia. A ansiedade de um professor durante o uso do computador com os alunos pode levá-lo a não se perceber capaz ou altamente capaz de atingir os objetivos pedagógicos planejados para o ensino utilizando-se de recursos tecnológicos. De acordo com Bandura (1997), as pessoas estão mais propensas a esperar sucesso nas tarefas quando elas não estão, por exemplo, tensas ou agitadas. As reações afetivas, como pensamentos negativos e temores relativos às capacidades, podem "reduzir as percepções de autoeficácia e gerar mais estresse e agitação, que ajudam a causar o desempenho inadequado e temido"

(Pajares & Olaz, 2008, p. 105). Promover o bem-estar emocional e reduzir os estados emocionais negativos é uma forma de aumentar as crenças de autoeficácia.

Um exemplo de persuasão social positiva que pode favorecer a constituição ou fortalecimento das crenças de autoeficácia computacional docente seria, por exemplo, um professor receber um elogio de seu diretor ou colegas professores por alguma prática pedagógica pessoal que envolveu o uso de recursos tecnológicos ou ser incentivado por eles a adotarem os recursos em suas aulas. Segundo Pajares e Olaz (2008), as persuasões positivas podem encorajar e fortalecer, enquanto as negativas podem frustrar e enfraquecer as crenças de autoeficácia.

É importante lembrar também que, quando faltam ao indivíduo habilidades indispensáveis para a realização de uma tarefa, a persuasão social sozinha não substitui o desenvolvimento dessas habilidades. Isto é, simplesmente dizer às pessoas que elas são capazes e que devem, portanto, acreditar em suas capacidades para atingir os objetivos desejados não trará resultados necessariamente (Bandura, 1997). A exploração de recursos tecnológicos pelos professores ou a sua participação em programas de formação para o uso didático de tecnologias podem contribuir para a aquisição das habilidades necessárias para um uso pedagógico efetivo desses recursos.

As crenças de autoeficácia são, portanto, "produtos de um processamento cognitivo de diversas fontes de informação de eficácia comunicadas vivencialmente, vicariamente, socialmente e fisiologicamente" (Bandura, 1997, p. 115). Esse processamento cognitivo ocorre a todo momento, sendo influenciado por experiências e interações sociais. A autoeficácia não é estática, ou seja, ela pode enfraquecer ou fortalecer ao longo do tempo. Um professor pode ter uma percepção considerada baixa de que é capaz de utilizar o computador com os alunos hoje, mas as experiências pelas quais ele passar podem aumentar essa percepção e levá-lo a ter uma alta autoeficácia amanhã.

Considerando a influência que, segundo Bandura (1986; 1997), as crenças exercem sobre o comportamento humano, entende-se como fundamental, a partir do conhecimento de como são construídas e dos fatores que estão significativamente a elas relacionados, visualizar mecanismos que possam fortalecê-las.

Entre as estratégias que podem contribuir para aumentar as crenças de autoeficácia para o uso didático de tecnologias estão: explorar recursos tecnológicos disponíveis no computador; conhecer práticas de uso de tecnologias realizadas por outros professores; participar de cursos para o uso didático de tecnologias; manter a calma se houver problemas de natureza técnica enquanto utiliza os recursos tecnológicos; reconhecer que há alunos que podem auxiliar na resolução de problemas de natureza técnica e/ou que eles podem compreender que nem tudo está sob o domínio do professor.

Embora nem todos os fatores que interferem nas crenças de autoeficácia são passíveis de serem operacionalizáveis em termos de estratégias, considera-se que as fontes de autoeficácia poderão sinalizar situações ou contextos do trabalho docente que, se forem revistos, podem favorecer o trabalho do professor e influenciar positivamente suas crenças. Por exemplo, ao identificar que a desmotivação ocorre em função de condições de infraestruturas inadequadas ou da falta de apoio técnico e pedagógico, entende-se que, ao melhorar as infraestruturas e oferecer suporte, o professor poderá sentir-se mais motivado para ensinar com tecnologias, apropriar-se mais dos recursos atingindo os objetivos educacionais esperados e, assim, fortalecer suas crenças.

Como diz Bandura (2006), uma teoria psicológica deve ter como finalidade não apenas explicar ou predizer fatos, situações ou problemas, mas sim conseguir contribuir para operacionalizar mudanças. Segundo o autor, "saber, por exemplo, como construir uma percepção de eficácia e como ela funciona fornece novas orientações para estruturar experiências que permitam às pessoas realizar as mudanças pessoais e sociais desejadas" (p. 319).

- A autoeficácia é construída a partir de quatro fontes de informação: experiência direta, vicária, persuasão social e estados fisiológicos e afetivos.
- A exploração de recursos tecnológicos, programas de formação de professores e visualização de possibilidades de uso podem contribuir para construir ou fortalecer a autoeficácia computacional docente.
- A autoeficácia não é estática, ou seja, pode mudar ao longo do tempo, sendo influenciada pelas experiências e interações pelas quais o indivíduo passa.

Para refletir

- Em linhas gerais, você, professor, acredita na sua capacidade de atingir objetivos pedagógicos desejados utilizando-se do computador?
- O quanto você se sente, por exemplo, confiante na sua capacidade de usar apropriadamente as tecnologias e ensinar com sucesso os conteúdos?
- Quais fatores de ordem pessoal ou do seu contexto de ensino parecem interferir na sua crença? Como você acredita que seria possível trabalhá-los?
- Você consegue perceber que há quatro fontes de informação que interferem na sua crença de autoeficácia computacional docente?
- Como você compreende que poderia fortalecer a sua crença de autoeficácia computacional docente?

Leia mais

- Alvarenga, C. E. A., & Azzi, R. G. (2009). Formação de professores para o uso de tecnologias computacionais no ensino: considerações sobre a importância da autoeficácia. *Revista da ANPG. Ciência, tecnologia e políticas educacionais*. Recuperado em: 21 abr. 2011, de http://www.teoriasocialcognitiva.net.br/publicacoes/anais-de-eventos
- Alvarenga, C. E. A., & Azzi, R. G. (2010, novembro). Autoeficácia computacional docente e o uso didático de tecnologias de informática. *Actas do I Encontro Internacional TIC e Educação. Inovação curricular com TIC*. Lisboa, Portugal. Recuperado em: 21 abr. 2011, de http://ticeduca.ie.ul.pt e de http://www.teoriasocialcognitiva.net.br/publicacoes/anais-de-eventos

Navegue na Internet

Textos

- Artigos sobre a temática da autoeficácia computacional docente e outros relacionados à abordagem da Teoria Social Cognitiva: http://www.teoriasocialcognitiva.net.br/publicacoes/anais-de-eventos
- Divulgações de um estudo de doutorado sobre a temática da autoeficácia computacional docente: Gardenal, I.[3] Um fantasma na sala de aula. *Jornal da Unicamp*. (2011, 28 de março a 3 de abril). p. 3. Recuperado em: 21 abr. 2011, de http://www.unicamp.br/unicamp/unicamp_hoje/ju/marco2011/ju488pdf/Pag03.pdf

---

[3] Nome do jornalista responsável pela matéria.

Vídeo

- Granetto, E. Uso de tecnologias por professores de ensino médio. *Programa Canal Univesp. TV Cultura*. Gravado e transmitido em 06 de abril de 2011. Recuperado em: 3 maio 2011, de http://www.univesp.tv.br/programas/noticias-univesp?content_id=60&media_id=1669

Referências

Akpinar, Y., & Bayramoğ, Y. (2008). Promoting teachers' positive attitude towards web use: a study in web site development. *The Turkish Online Journal of Educational Technology – TOJET, 7*(3), 1-9.

Albion, P. R. (2001). Some factors in the development of self-efficacy beliefs for computer use among teachers education students. *Journal of Technology and Teacher Education*, 9(3), 321-347.

Alvarenga, C. E. A. (2011). *Autoeficácia de professores para utilizarem tecnologias de informação e comunicação no ensino.* Tese de Doutorado, Universidade Estadual de Campinas, São Paulo, Brasil.

Alvarenga, C. E. A., & Azzi, R. G. (2009). Formação de professores para o uso de tecnologias computacionais no ensino: considerações sobre a importância da autoeficácia. *Revista da Associação Nacional de Pós-Graduação* (ANPG), *1*, 65-71.

Alvarenga, C. E. A., & Azzi, R. G. (2010, novembro). Autoeficácia computacional docente e o uso didático de tecnologias de informática. *Actas do I Encontro Internacional TIC e Educação. Inovação curricular com TIC*. Lisboa, Portugal. Recuperado em 21 de abril de 2011, de http://ticeduca.ie.ul.pt e de http://www.teoriasocialcognitiva.net.br/publicacoes/anais-de-eventos

Bandura, A. (1977). Self-efficacy: toward a unifying theory of behavioral change. *Psychological Review, 84*, 191-215.

Bandura, A. (1986). *Social foundations of thought and action. A social cognitive theory*. New Jersey: Englewood Cliffs.

Bandura, A. (1997). *Self-efficacy: the exercise of control*. New York: W. H. Freeman and Company.

Bandura, A. (2006). Guide for creating self-efficacy scales. In F. Pajares, & T. Urdan (Ed.). *Self-efficacy beliefs of adolescents* (pp. 307-338). Greenwich: Information Age Publishing.

Ertmer, P. A., Conklin, D., Lewandowski, J., Osika, E., Selo, M., & Wignall, E. (2003). Increasing preservice teachers' capacity for technology integration through the use of eletronic models. *Teacher Education Quarterly, 30*(1), 95-112.

Kagima, L. K., & Hausafus, C. O. (2000). Integration of electronic communication in higher education: contributions of faculty computer self-efficacy. *The Internet and Higher Education, 2*(4), 221-235.

Maldaner, O. A. (2007). Princípios e práticas de formação de professores para a educação básica. In J. V. A. Souza (Org.). *Formação de professores para a Educação Básica: dez anos da LDB* (pp. 211-233). Belo Horizonte: Autêntica.

Navarro, L. P. (2002). El análisis de las creencias de autoeficacia: un avance hacia el desarrollo profesional de docente. *Miscelánea Comillas, 60*, 591-612.

Oliver, T. A., & Shapiro, F. (1993). Self-efficacy and computers. *Journal of Computer-Based Instruction, 20*, 81-85.

Pajares, F., & Olaz, F. (2008). Teoria Social Cognitiva e autoeficácia: uma visão geral. In A. Bandura, R. G. Azzi, S. A. J. Polydoro *et al*. *Teoria social cognitiva: conceitos básicos* (pp. 97-114). Porto Alegre: Artmed.

Pajares, M. F. (1992). Teachers' belief and educational research: cleaning up a messy construct. *Review of Educational Research, 62*(3), 307-332.

Pamuk, S., & Peker, D. (2009). Turkish pre-service science and mathematics teachers' computer related self-efficacies, attitudes, and the relationship between these variables. *Computers & Education, 53*, 454-461.

Paraskeva, F., Bouta, H., & Papagianni, A. (2008). Individual characteristics and computer self-efficacy. *Computers & Education, 50*, 1084-1091.

Saleh, H. K. (2008). Computer self-efficacy of university faculty in Lebanon. *Education Technology Research Development*, 56, 229-240.

Sang, G., Valcke, M., van Braak, J., & Tondeur, J. (2010). Student teachers' thinking processes and ICT integration: Predictors of prospective teaching behaviors with educational technology. *Computers & Education, 54*, 103-112.

Seferoglu, S. S. (2007, November). Preservice teachers' perceptions of their computer self-efficacy. *Fourth International Conference on Elearning for Knowledge-Based Society* (pp. 18-19). Bangkok, Thailand.

Shaughnessy, M. F. (2004). An interview with Anita Woolfolk: the educational psychology of teacher efficacy. *Educational Psychology Review, 16*(2), 153-176.

Vieira, J. D. (2007). A condição docente: trabalho e formação. In J. V. A. Souza (Org.). *Formação de professores para a Educação Básica: dez anos da LDB*. (pp. 175-179). Belo Horizonte: Autêntica.

Vogt, W. P. (1993). *Dictionary of statistic and methodology. A nontechnical guide for the social sciences*. Newbury Park: Sage.

Wang, L., Ertmer, P. A., & Newby, T. J. (2004). Increasing preservice teachers' self-efficacy beliefs for technology Integration. *Journal of Research on Technology in Education, 36*(3), 231-50.

Crenças de eficácia coletiva em contexto educativo

Daniela Couto Guerreiro-Casanova[1]

Crenças de eficácia coletiva escolar

De modo semelhante à crença de autoeficácia ao nível do indivíduo, a crença de eficácia coletiva também é relativa a um contexto ou domínio de ação específico. A especificidade da crença de eficácia coletiva refere-se ao objetivo geral e comum a todos os membros que formam um grupo ou uma instituição. Por exemplo, há crença de eficácia coletiva familiar, que se refere à crença de uma família; há crença de eficácia coletiva de um time de futebol, que se refere à crença coletiva que os jogadores têm em relação à capacidade do time que integram; há crença de eficácia coletiva organizacional, que se refere à crença de eficácia coletiva dos membros de uma empresa ou organização; e, dentre outros contextos específicos, há crença de eficácia coletiva escolar, a qual será aqui comentada.

---

[1] A autora agradece o apoio da Fundação de Amparo à Pesquisa do Estado de São Paulo (Fapesp), na modalidade bolsa de estudo para Doutorado, sob processo nº 2010/51657-1.

Bandura (1993) sinalizou que o contexto escolar é um dos mais adequados para se verificar o impacto da crença de eficácia coletiva nas realizações institucionais. Nas escolas, os professores, gestores e funcionários de apoio trabalham tanto individualmente, quando cada membro tem que realizar as tarefas que lhe cabem, quanto coletivamente, quando cada membro tem que realizar tarefas almejando objetivos comuns e que só podem ser concretizadas se todos os membros cumprirem com a sua parte. Segundo Bandura (1993), as características dos estudantes desempenham alguma influência nas realizações da escola, no entanto, isso acontece porque, em maior extensão, as características dos estudantes alteram a percepção dos funcionários da escola sobre a capacidade coletiva de eles motivarem e educarem seus alunos. "Quanto mais forte a crença de eficácia coletiva escolar dos funcionários de uma escola, melhor será o desempenho acadêmico dessa escola" (Bandura, 1997, p. 481).

No contexto educacional, as percepções de eficácia coletiva escolar têm sido definidas como os julgamentos dos professores de uma escola de que o seu conjunto de educadores é capaz de organizar e executar os cursos de ação exigidos para se conseguir resultados positivos junto aos alunos (Goddard, Hoy & Hoy, 2004), promover aprendizagem e estimular a autoeficácia acadêmica e a autorregulação dos educandos (Bandura, 1997). Assim, a eficácia coletiva escolar pode ser compreendida como a percepção do corpo docente sobre a própria habilidade para atingir determinados objetivos (Goddard & Logerfo, 2007) e lidar com as tarefas específicas à docência (Adams & Forsyth, 2006), de modo a "fazer a diferença" para promover a aprendizagem e o desempenho dos estudantes (Hoy, Sweetland & Smith, 2002).

Escolas com crença de eficácia coletiva escolar coesa e positiva têm alcançado melhores resultados de desempenho escolar (McCoach & Colbert, 2010; Goddard, Hoy & Hoy, 2000; Goddard *et al.*, 2004; Goddard & Logerfo, 2007; Hoy *et al.*, 2002; Skaalvik

& Skaalvik, 2007; Tschannen-Moran & Barr, 2004). Os resultados favoráveis para escolas com crença de eficácia escolar coesa e positiva foram encontrados também em escolas localizadas em áreas com baixo *status* socioeconômico (Goddard & Skrla, 2006; Tschannen-Moran & Barr, 2004). As condições estruturais de cada unidade escolar parecem ser fatores importantes para a construção da crença de eficácia coletiva escolar (Adams & Forsyth, 2006; Caprara, Barbaranelli, Borgogni & Petitta, 2003; Skaalvik & Skaalvik, 2007). Tais condições estruturais englobam os aspectos físicos das escolas, as vivências no ambiente de trabalho, as questões pedagógicas e as questões políticas. Em relação às vivências no ambiente de trabalho, a crença de eficácia coletiva escolar tem sido associada ao compromisso dos educadores com a escola em que atuam e com a satisfação com a ocupação laboral que exercem (Caprara *et al.*, 2003), com a confiança relativa aos outros membros da escola (Goddard *et al.*, 2000) e com a experiência docente, de modo que professores com mais tempo de atuação profissional têm demonstrado uma percepção de eficácia coletiva escolar um pouco mais alta do que os professores com pouco tempo de atuação (Goddard & Skal, 2006). Dentre as questões pedagógicas, pode-se comentar que as escolas que possibilitam maior autonomia aos professores em relação à escolha do material didático e às atividades que serão desenvolvidas para promover a aprendizagem dos estudantes têm demonstrado crença de eficácia coletiva mais coesa e positiva do que as escolas com menor autonomia (Goddard *et al.*, 2004; Skaalvik & Skaalvik, 2007).

De modo geral, pode-se afirmar que a presença de eficácia coletiva escolar coesa e positiva pode ser considerada um fator que contribui para fortalecer os profissionais da educação a lidarem com os desafios cotidianos. Além de essa crença contribuir para a satisfação dos educadores, também se verifica que a crença de eficácia coletiva escolar pode exercer um papel mediador, possibilitando ganho na qualidade da motivação e do desempenho dos estudantes

(McCoach & Colbert, 2010; Goddard *et al.*, 2000, 2004; Goddard & Logerfo, 2007; Hoy *et al.*, 2002; Skaalvik & Skaalvik, 2007; Tschannen-Moran & Barr, 2004).

> A crença de eficácia coletiva escolar está relacionada à: satisfação com o trabalho docente; menor percepção de estresse e *burnout*; motivação dos estudantes e melhor desempenho em avaliações.

A construção da crença de eficácia coletiva escolar: implicações pedagógicas

A crença de eficácia coletiva escolar é construída por meio de quatro fontes de informação, de modo semelhante à construção da autoeficácia pessoal[2]. Conforme anteriormente descrito, essas fontes são denominadas: experiência direta, experiência vicária, persuasão social e estados físico e emocionais[3]. A seguir, essas fontes serão analisadas com foco na sua aplicação à crenças de eficácia coletiva escolar.

- **Experiência direta:** a crença de eficácia coletiva escolar de uma escola recebe informações por meio da interpretação dos desempenhos concretizados anteriormente (Adams & Forsyth, 2006). Por exemplo, uma escola que tem conseguido evitar a evasão escolar nos últimos anos tende a demonstrar uma crença de eficácia coletiva escolar coesa e positiva quando se analisa a evasão escolar. Um resultado positivo auxilia a tornar a crença de eficácia coletiva escolar mais coesa e mais positiva. Desse modo, um grupo que detenha

[2] Os aspectos relativos à autoeficácia pessoal foram discutidos no Capítulo 1.

[3] Para mais detalhes sobre as fontes de informação de autoeficácia, leia o Capítulo 1.

uma crença de eficácia coletiva coesa e positiva pode interpretar um resultado negativo como um meio de correção de ações e de estratégias. Por essa razão, não se pode falar que apenas os resultados positivos e/ou negativos influenciam a crença de eficácia coletiva, mais importante do que a qualidade dos resultados é a maneira pela qual esses resultados são interpretados, podendo gerar novos cursos de ação quando necessários.

- **Experiência vicária:** por meio da análise e da interpretação das experiências vivenciadas por outras escolas, uma determinada escola pode aprender novas ações que podem tornar a crença de eficácia coletiva escolar dessa unidade escolar em questão mais coesa e positiva. De modo simples, uma escola pode aprender com a experiência de outra escola. Nesse caso, o importante é que a escola escolhida para servir de modelo seja semelhante com a escola que irá realizar as observações, de modo que uma escola de ensino médio deve escolher como modelo uma escola que também ofereça o ensino médio, pois, se escolher como modelo uma escola que oferece apenas o ensino fundamental, não haverá compatibilidade de questões ambientais que viabilizem a experiência vicária (Caprara *et al.*, 2003; Goddard *et al.*, 2000; Goddard *et al.*, 2004). As observações podem ser realizadas com visitas a outras escolas, quando isso for possível, como também por meio de filmes documentários que retratem as exitosas experiências escolares. Para que uma escola possa aproveitar as informações recebidas por meio de experiências vicárias, é necessário que os observadores adotem uma postura crítica, analítica e participativa durante o processo, trazendo as informações observadas para o contexto da unidade escolar em que atuam.

- **Persuasão social:** essa é uma fonte usualmente utilizada por pessoas que ocupam destaque entre os demais membros do grupo: diretores, coordenadores e/ou professores que exercem liderança (formal ou não) dentro do grupo em que atuam. Esses líderes têm a possibilidade de promover a percepção coletiva de que o grupo é capaz de resolver situações difíceis e de lidar com desafios, entre outras tarefas específicas do contexto escolar. Quando os membros de um grupo percebem que os outros membros acreditam nas condições de êxito do grupo, existirá maior esforço para se empenhar em realizar as tarefas do grupo (Tschannen-Moran & Barr, 2004).
- **Estados físicos e emocionais:** os estados emocionais, como a ansiedade e o estresse, são derivados de processos cognitivos. Dependendo das circunstâncias, a ansiedade, o estresse, o sono e o cansaço físico são interpretados como um fraco julgamento sobre a própria capacidade diante de tal situação. Considerando que a eficácia coletiva também é constituída pela percepção de cada membro, quando um membro ou vários membros de uma escola estão com condições físicas e emocionais debilitadas, pode-se perceber uma diminuição da coesão e da positividade da crença de eficácia coletiva escolar. No entanto, é interessante aqui pontuar que as pesquisas têm demonstrado que a crença de eficácia coletiva escolar pode ser considerada um fator protetor dos profissionais que atuam na escola, pois a crença de eficácia coletiva é inversamente relacionada com o estresse e com o *burnout* (Skaalvick & Skaalvick, 2007).

A eficácia coletiva escolar deve ser construída por meio das fontes de informação brevemente descritas, utilizando-se projetos de intervenção especialmente delineados para tal fim. Enfatiza-se a importância dos gestores como agentes responsáveis por tal tarefa

(Caprara *et al.*, 2003; Goddard *et al.*, 2000; Goddard *et al.*, 2004; McCoach & Colbert, 2010). É interessante comentar que, semelhante à autoeficácia individual, a crença de eficácia coletiva escolar também pode oscilar, apresentando variações de intensidade ao longo do tempo (Bandura, 1986; 1997).

A crença de eficácia escolar pode ser construída por meio das interpretações de:

- experiências diretas: em que se analisam os resultados obtidos nas ações anteriores;
- experiências vicárias: em que se aprende por meio da análise das experiências de outras escolas;
- persuasão social: principalmente por meio dos líderes, que utilizam a persuasão para mostrar aos membros do grupo o quanto eles são capazes;
- estados físicos e emocionais: as condições de trabalho, quando interpretadas como menos desgastantes, promovem mais eficácia coletiva, sendo o inverso também verdadeiro.

Para finalizar

A grande valia da crença de eficácia coletiva é a possibilidade de transformação social, pelo menos parcialmente, que ela oferece aos integrantes de seu grupo, o que a torna muito relevante à educação. Sabe-se que a educação atual oferecida em território nacional passa por inúmeras dificuldades e desafios (Abramovay & Castro, 2003). Diante do difícil contexto educacional, a crença de eficácia coletiva parece ser uma possibilidade mediadora para realizar ações que levem à transformação e à superação de desafios (Bzuneck & Guimarães, 2009; Goddard & Logerfo, 2007; Hoy *et al.*, 2002; Tschannem-Moran & Barr, 2004).

É preciso alertar que, por mais que a crença de eficácia coletiva possa ser um meio de desencadear ações que promovam mudanças sociais, existem algumas situações que não podem ser alteradas apenas por um grupo, mesmo que esse grupo tenha uma crença de eficácia coletiva muito coesa e positiva. Algumas situações são impostas em nossas vidas, por órgãos ou pessoas que ocupam posições de liderança, e podem afetar a dinâmica das inúmeras pessoas e os grupos dos quais estas fazem parte. No entanto, Bandura (1986, p. 452) comenta que "a porção de desequilíbrio relativo ao poder social depende parcialmente da extensão em que as pessoas exercitam as suas influências sobre os aspectos que estão sob seus próprios comandos". A falta de eficácia coletiva coesa e positiva constitui-se como uma barreira interna colocada pelo próprio grupo, à qual é mais desmoralizadora e debilitante do comportamento grupal do que os impedimentos externos (Bandura, 1986).

Maior satisfação com o trabalho docente, melhores condições de saúde e melhores índices de desempenho são alguns dos positivos aspectos encontrados em escolas que demonstram crença de eficácia coletiva mais coesa e positiva (Caprara *et al.*, 2003; Goddard *et al.*, 2000; 2004; Goddard & Logerfo, 2007; Hoy *et al.*, 2002; McCoach & Colbert, 2010; Skaalvilk & Skaalvik, 2007). Assim, ciente das dificuldades socioeconômicas e estruturais que permeiam a educação, compreende-se que a crença de eficácia coletiva apresenta-se como uma possibilidade para se iniciar uma transformação da educação, auxiliando os profissionais a obterem melhores condições de lidarem com as dificuldades vivenciadas diariamente.

Para refletir

Em uma reunião pedagógica, os professores, os coordenadores e os diretores escolares estavam analisando o trabalho realizado durante o último ano letivo. Alguns pareciam estar com os ânimos à flor da pele. Outros, mal tinham energia para se expressar. Um número relativamente pequeno, perto da totalidade de membros do grupo, tentava identificar os aspectos positivos e negativos que permearam as atividades do último ano letivo. Um professor, aparentemente abatido, disse quase sem fôlego:

— Não sei para que realizarmos essa reunião. Nossa avaliação já foi feita. A secretaria estadual já sabe qual escola conseguiu atingir a meta.

Outro professor, um pouco mais dinâmico, acrescentou:

— E nós sabemos que não foi esta! Sempre temos muita evasão. Não adianta fazer nada, os alunos não querem estudar.

A diretora, que havia assumido o cargo naquela escola havia um ano, tentava conduzir a reunião:

— Pessoal, se tivermos clareza de quais foram os nossos pontos positivos e quais foram os pontos negativos poderemos fazer algo, tentar solucionar essa situação.

— Ah... Acho que isso não vai adiantar nada — disse um professor.

Outro professor, que, diga-se de passagem, sempre foi muito comprometido com a escola em que atuava, falou:

— Gente, vocês se lembram do que aconteceu com a escola que fica lá perto do rio? Então, ela sempre tinha um dos piores índices nas avaliações, tinha muito problema de indisciplina com alunos. E agora? Vocês leram no jornal da semana passada? Depois que aquela escola implantou um projeto que eles mesmos elaboraram, com auxílio da comunidade escolar, a coisa mudou. Parece outra escola!

— Mas o que será que eles fizeram? — perguntou a coordenadora.

Assim, continuou a reunião, com alguns mais comprometidos, outros nem tanto, buscando entender um pouco mais o que estava acontecendo naquela escola.

A partir do caso exposto:

- Identifique passagens que deem sinais que possam evidenciar a crença de eficácia coletiva escolar e as fontes que as constituem. Comente-as.
- Você diria que os comportamentos relatados no caso demonstram crença de eficácia coletiva escolar coesa ou não? Positiva ou negativa? Por quê?
- Imagine que você é professor da escola citada no caso. Elabore algumas sugestões para essa situação.

Leia mais

- Bzuneck, J. A., & Guimarães, S. E. R. (2009). Eficácia coletiva dos professores e implicações para o contexto educacional brasileiro. *Educação Temática Digital, 10*(n. esp.), 1-15.
- Bandura, A. (2008). A evolução da teoria social cognitiva. In A. Bandura, R. G. Azzi, & S. Polydoro. (Orgs.). *Teoria Social Cognitiva, conceitos básicos* (pp. 15-42). Porto Alegre: Artmed.

Navegue na Internet

- Aspectos sobre a Teoria Social Cognitiva: www.teoriasocialcognitiva.net.br

Referências

Abramovay, M., & Castro, M. C. (Coord.) (2003). *Ensino médio: múltiplas vozes*. Brasília: Unesco, MEC.

Adams, C. M., & Forsyth, P. B. (2006). Proximate sources of collective teacher efficacy. *Journal of Education Administration, 44*(6), 625-642.

Bandura, A. (1986). *Social foundations of though and action* (pp. 391-453). New Jersey: Prentice-Hall.

Bandura, A. (1993). Perceived self-efficacy in cognitive development and function. *Educational Psychologist, 28*(2), 117-148.

Bandura, A. (1995). Exercise of personal and collective efficacy in changing societies. In A. Bandura. *Self-efficacy changing societies* (pp. 1-45). New York: Cambridge University Press.

Bandura, A. (1997). *Self-efficacy: the exercise of control.* New York: W. H. Freeman.

Bandura, A. (2008). A evolução da teoria social cognitiva. In A. Bandura, R. G. Azzi, & S. Polydoro (Orgs.) (2008). *Teoria Social Cognitiva, conceitos básicos* (pp. 15-42). Porto Alegre: Artmed.

Bzuneck, J. A., & Guimarães, S. E. R. (2009). Eficácia coletiva dos professores e implicações para o contexto educacional brasileiro. *Educação Temática Digital, 10*(n. esp.), 1-15.

Caprara, G. V., Barbaranelli, C., Borgogni, L., & Petitta, L. (2003). Teachers', school staffs and parents' efficacy beliefs as determinants of attitudes toward school. *European Journal of Psychology of Education, 18*(1), 15-31.

Fernandez-Ballasteros, R., Duez-Nicolas, J., Caprara, G. V., Barbaranelli, C., & Bandura, A. (2002). Determinants and structural relation of personal efficacy to collective efficacy. *Applied psychology: an international review, 51*(1), 107-125.

Goddard, D. R., Hoy, K. W., & Hoy, A. W. (2000). Collective teacher efficacy: its meaning, and impact on student achievement. *American Educational Research Journal, 37*(2), 479-507.

Goddard, D. R., Hoy, K. W., & Hoy, A. W. (2004). Collective efficacy beliefs: theoretical developments, empirical evidence and future directions. *Educational Researcher, 33*(3), 3-13.

Goddard, D. R, & Logerfo, L. F. (2007). Measuring emergent organizational properties. A structural equation modeling test of self- versus group-referent perceptions. *Educational and Psychological Measurement, 67*(5), 845-858.

Goddard, D. R., & Skrla, L. (2006). The influence of school social composition on teachers' collective efficacy beliefs. *Educational administration quarterly, 42*(2), 216-235.

Hoy, W. K, Sweetland, S. R., & Smith, P. A. (2002). Toward organizational model of achievement in high schools: the significance of collective efficacy. *Educational administration of quarterly, 38*(1), 77-93.

McCoach, D. B., & Colbert, R. D. (2010). Factors underlying the collective teacher efficacy scale and their mediating role in the effect of socioeconomic status on academic achievement at the school level. *Measurement and Evaluation in Counseling and Development, 43*(1), 31- 47.

Skaalvik, E. M., & Skaalvik, S. (2007). Dimensions of teacher self-efficacy and relations with strain factors, perceived collective teacher efficacy and teacher burnout. *Journal of Educational Psychology,* 99(3), 611-625.

Tschannen-Moran, M., & Barr, M. (2004). Fostering student learning: the relationship of collective teacher efficacy and student achievement. *Leadership and Policy in Schools, 3*(3), 187-206.

Zaccaro, S. J, Blair, V., Peterson, C., & Zazanis, M. (1995). Collective efficacy. In J. E. Maddux (Org.) (1995). *Self-efficacy, adaptation, and adjustment: theory, research, and application* (pp. 305-328). New York: Plenum Press.

Autoeficácia acadêmica: percepções de estudantes brasileiros

Roberta Gurgel Azzi
Daniela Couto Guerreiro-Casanova
Marilda Aparecida Dantas

O que é autoeficácia acadêmica

As crenças de autoeficácia acadêmica têm sido definidas como crenças de um estudante em sua capacidade em organizar e executar cursos de ações requeridos para produzir certas realizações referentes aos aspectos intelectuais e de aprendizagem (Bandura, 1993). Fortes índices de autoeficácia acadêmica têm sido associados à capacidade de aprender a aprender, tão importante nesta era do conhecimento, em que informações novas surgem a cada instante e são disponibilizadas rapidamente. Isso ocorre porque os estudantes que confiam em suas capacidades para aprender tendem a entender que as habilidades podem ser construídas e autorregulam o próprio processo de aprendizagem. Para isso, selecionam e utilizam diversas estratégias de aprendizagem, buscando encontrar as mais apropriadas para cada tipo de atividade a ser desenvolvida. O estabelecimento de objetivos de aprendizagem, automonitoramento e autoavaliação são ações que norteiam o processo de aprender a aprender e possibilitam o autojulgamento sobre a própria compreensão em relação à aprendizagem ocorrida.

A capacidade de aprender a aprender requer motivação e, por sua vez, a motivação para aprender é mediada pela crença de autoeficácia acadêmica, pois essa crença afeta as aspirações dos estudantes e os seus níveis de interesse em assuntos escolares. Estudos têm demonstrado que estudantes com alta percepção de eficácia acadêmica demonstram-se mais engajados cognitivamente durante as aulas (o que os auxilia a desenvolver competências educacionais) como também mais persistentes diante dos desafios escolares, além de demonstrarem maior disponibilidade para tarefas relativas aos estudos, mesmo quando há outras atividades sociais para se fazer. Além do esforço e da persistência diante dos desafios de aprendizagem, a crença de autoeficácia acadêmica compreende os julgamentos sobre os próprios conhecimentos, as próprias habilidades, as estratégias que cada estudante domina e o modo que as utilizam. Ter clareza sobre as próprias habilidades e estratégias é importante para criar condições de organização dos estudos e de meios para lidar com o estresse relativo às tarefas educacionais (Bandura, 1993; 1995; Zimmerman, 1995), podendo contribuir com o exercício do protagonismo juvenil. A concepção de protagonismo juvenil, "privilegia a participação de jovens no desenvolvimento das atividades voltadas para a construção de conhecimentos e valores, cabendo ao professor mais a função de orientar do que a de ensinar" (Zibas, Ferretti & Tartuce, 2006, p. 53), sendo um dos principais aspectos das Diretrizes Curriculares Nacionais para o ensino médio.

A relação entre motivação e autoeficácia acadêmica também pode ser considerada um aspecto fundamental para evitar a evasão estudantil.

> O abandono escolar é hoje um grande problema educativo e social. Sem dúvida, são muitos os fatores que influenciam a evasão escolar, incluindo o baixo interesse acadêmico e a motivação, as competências inadequadas para ter sucesso na escola e o distanciamento do ambiente escolar. Variáveis motivacionais, tais como baixa autoeficácia para a aprendizagem e baixo valor de tarefa percebida, podem diminuir a motivação e levar a déficits de habilidades. Precisamos de mais pesquisa sobre prevenção ao abandono escolar, incluindo estudos que investigam o papel de variáveis motivacionais (Sakiz, 2008, p. 487-488).

Apesar das inúmeras contribuições da autoeficácia acadêmica para a motivação e para o aprender, cabe ressaltar que a crença de autoeficácia acadêmica não garante a aprendizagem escolar. Essa crença pode possibilitar o comportamento necessário para que tal aprendizagem possa ocorrer. No entanto, se o estudante não tiver as habilidades e os conhecimentos que constituem pré-requisitos para aprender, não bastará ele acreditar em suas próprias capacidades, pois ele poderá agir em busca dessa aprendizagem sem obter êxito. Também é interessante pontuar que a autoeficácia acadêmica refere-se à percepção que um aluno tem sobre a sua capacidade para realizar determinada tarefa escolar e que não é relativa ao julgamento sobre os atributos físicos e/ou de personalidade dos alunos (Zimmerman & Cleary, 2006).

O contexto escolar tem sido alvo de muitas pesquisas da crença de autoeficácia acadêmica, enfatizando-se, neste texto, as atividades relativas ao aprender (Azzi & Polydoro, 2010; Costa & Boruchovitch, 2006; Pajares & Olaz, 2008; Schunk, 1995; Zimmerman, 1995). A seguir, algumas pesquisas nacionais serão brevemente descritas.

Autoeficácia acadêmica:

- refere-se ao domínio da aprendizagem em contextos escolares;
- definida como as crenças de um estudante em sua capacidade de organizar e executar cursos de ações requeridos para produzir certas realizações referentes aos aspectos intelectuais e de aprendizagem (Bandura, 1993);
- contribui para a motivação para aprender;
- auxilia os estudantes a terem clareza das próprias habilidades, a organizarem os estudos e a lidarem com o estresse relativo à vida escolar;
- julgar-se autoeficaz não garante a presença de habilidade e/ou de conhecimento.

Algumas pesquisas realizadas no Brasil

No Brasil, a quantidade de pesquisas realizadas sobre autoeficácia acadêmica ainda é escassa. No entanto, desde 2000, os estudos realizados sobre essa temática têm ampliado, dedicando-se a questões relativas ao ensino de matemática, ao ensino para crianças com dificuldades de aprendizagem, ao desempenho acadêmico, ao ensino fundamental, ao ensino médio e ao ensino superior, entre outros (Boruchovicth & Bzuneck, 2010). De modo geral, as pesquisas realizadas tendo como participantes alunos do ensino fundamental têm sinalizado que: problemas comportamentais podem estar associados à baixa autoeficácia; bom desempenho escolar está associado a alta autoeficácia; alunos mais novos (4º ano) apresentam autoeficácia mais alta do que alunos mais velhos (6º e 8º anos) (Boruchovicth & Bzuneck, 2010); alunos com autoeficácia mais elevada mostram-se mais motivados (Martinelli & Sassi, 2010).

No ensino médio, alguns investigadores têm-se dedicado a conhecer melhor a realidade dessa população apoiados na Teoria Social Cognitiva. Em um estudo realizado sobre crenças de autoeficácia acadêmica junto de 165 alunos do ensino médio de escolas públicas, os estudantes responderam a um instrumento de autorrelato com 31 itens, no qual a resposta variou de 1 (pouco) a 7 (muito) no quanto se sentem capazes de executar uma determinada atividade acadêmica no processo de aprendizagem (Azzi, Guerreiro-Casanova & Dantas, 2010). Tais atividades envolveram a organização de tempo, domínio de conteúdo, persistência diante das dificuldades, motivação, sistematização das informações, acompanhamento do ritmo de aprendizagem do curso e capacidade de colocar em prática os conhecimentos adquiridos. De modo geral, os resultados indicaram que os estudantes perceberam suas crenças de autoeficácia acadêmica relativamente elevadas, pois os valores ficaram, na sua maioria, acima de uma média de 4 pontos. Esses resultados não são generalizáveis, ou seja, indicam as percepções sobre as crenças de autoeficácia acadêmica da amostra composta por 165 estudantes que foram pesquisados e não necessariamente a população estudantil como um todo. As autoras alertam sobre a necessidade de investigar os processos autorreguladores da aprendizagem desses estudantes, pois eles podem ter uma positiva percepção sobre a autoeficácia acadêmica e não saber lidar com estratégias cognitivas para organizar e estruturar o conhecimento. Embora possa parecer que os resultados estejam superestimados, isto é desejável, uma vez que podem colaborar para a motivação estudantil.

Ampliando a amostra investigada pelas autoras anteriores, Guerreiro-Casanova, Ferreira e Azzi (no prelo) realizaram um estudo com 534 estudantes do ensino médio a fim de descrever as crenças de autoeficácia acadêmica em relação às séries e aos turnos. As percepções dos estudantes foram obtidas por meio da escala de autoeficácia acadêmica (Guerreiro-Casanova & Polydoro, 2011), da qual foram analisadas doze tarefas acadêmicas. De modo geral, esses estudantes demonstraram percepções de eficácia acadêmica moderadas (entre 4 e 6 pontos, em uma escala onde 7 era o ponto máximo). Na Tabela 1 pode-se verificar em que série as tarefas analisadas apresentaram maiores médias.

Tabela 1 – Tarefas com maiores médias por série

Série	Tarefas	Médias
1ª	Demonstrar em avaliação o que aprendeu	5,56
	Compreender o que é exigido	5,52
	Planejar a realização das atividades	5,52
	Motivar-me para fazer as atividades	5,36
	Contribuir com ideias para a escola	5,03
	Preparar para as avaliações dessa disciplina	5,14
	Buscar informação sobre a infraestrutura	4,11
2ª	Revisar conteúdo	4,59
3ª	Persistir nas atividades desta disciplina	5,15
	Estudar quando existem outras coisas para fazer	4,41
	Pedir ajuda aos colegas	5,05
	Trabalhar em grupo	5,38

Como pôde ser observado na Tabela 1, sete das doze tarefas analisadas revelaram médias mais altas na primeira série do ensino médio. Apenas uma tarefa revelou maior média na segunda série e quatro tarefas revelaram médias mais altas na terceira série. Tal análise demonstra que os estudantes da 1ª série parecem se sentir mais capazes em um número maior de tarefas do que os demais estudantes; que os estudantes da 2ª série se sentem mais capazes em apenas uma tarefa e que os estudantes da 3ª série se sentem mais capazes em quatro tarefas. Isso parece revelar que os estudantes pesquisados ingressaram no ensino médio com maiores percepções de autoeficácia e ao longo do curso essas percepções diminuem, indicando ser necessário pensar nas especificidades de cada série do ensino médio.

Outra contribuição dessa análise foi identificar semelhanças entre os estudantes do período matutino, do vespertino e do noturno (Guerreiro-Casanova, Ferreira & Azzi, no prelo). Na Tabela 2 é possível visualizar os valores médios encontrados.

Tabela 2 – Média das tarefas em que foram identificadas semelhanças entre os turnos

Tarefas	Matutino	Vespertino	Noturno
Motivar-se para fazer as atividades/tarefas relacionadas à disciplina de língua-portuguesa	5,27	5,50	5,28
Demonstrar, nos momentos de avaliação, o que aprenderam	5,33	5,44	5,43
Planejar a realização das atividades solicitadas pelo professor	5,49	5,33	5,43

Como pôde ser observado na Tabela 2, uma semelhança identificada foi a percepção de motivar-se para fazer as atividades/tarefas relacionadas à disciplina de língua portuguesa, a qual foi moderada e praticamente igual entre os estudantes do matutino e do noturno, apresentando pouca elevação para os estudantes do vespertino. Já as tarefas de demonstrar, nos momentos de avaliação, o que aprenderam, compreender o que é exigido na disciplina e planejar a realização das atividades solicitadas pelo professor também apresentaram médias moderadas para cada turno, e as pequenas elevações podem ser destacadas como favoráveis aos estudantes do turno matutino. De modo geral, sobre as percepções de alunos de diferentes turnos, esse estudo demonstrou que há mais semelhanças do que diferenças relativas à percepção de autoeficácia acadêmica.

Azzi, Guerreiro-Casanova, Dantas e Maciel (2011) realizaram uma pesquisa com 534 estudantes do ensino médio de nove escolas públicas do estado de São Paulo, que teve como objetivo analisar a correlação entre as crenças de autoeficácia acadêmica e as estratégias de estudo e aprendizagem. A correlação significa a direção em que duas variáveis seguem: se na mesma direção, trata-se de uma correlação positiva; se em direções contrárias, a correlação é negativa, sendo possível também identificar a força dessa correlação (fraca, moderada ou forte). Os estudantes responderam a dois instrumentos de medida. Um deles foi uma Escala de Estratégias de Estudo e Aprendizagem com doze itens, em que era perguntado ao participante sobre as maneiras que utilizavam para estudar e aprender o conteúdo da disciplina de língua portuguesa. Os itens dessa escala são caracterizados por "Processamento da informação", ou seja, verificar o modo como os estudantes utilizam estratégias verbais e simbólicas, o monitoramento da compreensão e do raciocínio, como também o elo entre o que já se sabe e o que está conhecendo. As respostas podiam variar de 1 a 5, sendo o 1 para o uso de estratégias menos intensas e o 5 para mais intensas. O outro instrumento aplicado foi uma escala para conhecer as crenças de autoeficácia acadêmica, com dezesseis itens que formavam três diferentes dimensões, sendo a autoeficácia para aprender, a autoeficácia para atuar na vida escolar e a autoeficácia para decisão de carreira. De modo geral, os resultados encontrados foram de correlações positivas. Por exemplo, entre as variáveis de autoeficácia acadêmica e estratégias de estudo e aprendizagem, encontrou-se uma correlação positiva moderada, assim, os estudantes que se percebiam autoeficazes também faziam mais uso de estratégias. Sobre as correlações entre autoeficácia acadêmica e uso de estratégias de estudos nas diferentes séries escolares, todas as correlações foram positivas e moderadas, indicando que os estudantes das diferentes séries escolares que se percebem autoeficazes também usam as estratégias de estudo. Entre os diferentes turnos escolares, os estudantes do vespertino apresentaram uma correlação forte, enquanto os do matutino e noturno, uma correlação moderada entre autoeficácia acadêmica e o uso de estratégias de estudo. Entre os alunos que trabalham e os que não trabalham, a correlação foi moderada. As autoras discutem que as crenças de autoeficácia acadêmica, nesta amostra, estão relacionadas ao uso de estratégias de estudo e aprendizagem, sugerindo que estudantes com percepções maiores de autoeficácia acadêmica tendem a utilizar mais estratégias de estudo e de aprendizagem.

Um estudo realizado com 335 alunos do ensino médio teve como objetivo verificar como se apresentam as relações entre diversos fatores que integram a motivação para aprender (metas de estrutura de sala de aula, metas de realização, autoeficácia acadêmica) e o desempenho acadêmico. Como resultado, foi observado que as percepções dos alunos acerca das tarefas significativas, relevantes e interessantes influenciaram a meta aprender-aproximação adotada pelos alunos e os níveis de autoeficácia acadêmica. Também foi observado que a autoeficácia acadêmica é preditora da meta aprender[1] e da meta *performance*[2]. Essa pesquisa traz como importante contribuição a informação de que a percepção sobre as tarefas escolares como motivadoras influencia a meta aprender e a autoeficácia dos alunos. Esse resultado destaca a importância das características do contexto escolar, mais especificamente do modo como as tarefas escolares são realizadas e/ou solicitadas, como possíveis fatores estimulantes para as variáveis motivacionais (Zambom, Azzi, Polydoro, De Rose & Guerreiro-Casanova, 2011).

Uma pesquisa realizada com 188 estudantes do primeiro ano de um curso superior dedicou-se a verificar se haveria alteração

---

[1] Meta aprender: o sucesso é definido como aperfeiçoamento das próprias capacidades, progresso, domínio, criatividade, inovação e aprendizagem (Pintrich & Schunk, 2002, citado por Zambon *et al.*, 2011).

[2] Meta *performance*: o sucesso é visto como obtenção de notas altas, melhor *performance* que os colegas e melhor desempenho em avaliações (Pintrich & Schunk, 2002, citado por Zambon *et al.*, 2011).

da crença de eficácia dos estudantes ao longo do curso. Para isso, foram obtidas as percepções dos estudantes sobre autoeficácia acadêmica, autoeficácia na gestão acadêmica, autoeficácia em ações proativas, autoeficácia na interação social e autoeficácia na regulação da formação, no início e no final do ano. Como resultados, foram verificados que: as percepções de autoeficácia na gestão acadêmica, autoeficácia em ações proativas, autoeficácia na interação social e autoeficácia na regulação da formação diminuíram significativamente do início para o final do ano, e que as percepções de autoeficácia acadêmica não apresentaram diferenças significativas durante o período pesquisado. Tais resultados evidenciam que apenas a crença de autoeficácia acadêmica relativa às tarefas de estudo e de aprendizagem não diminuíram significativamente, provavelmente por serem semelhantes às anteriormente realizadas pelos estudantes. Já as crenças que diminuíram significativamente parecem ser relativas às tarefas que envolvem ações mais específicas ao ensino superior. As autoras explicam esse resultado por meio do êxito obtido nas experiências educacionais anteriores, mais precisamente o ensino médio. Nesse sentido, as experiências vivenciadas no ensino médio podem servir de fonte de autoeficácia para os novos níveis de exigência das tarefas acadêmicas requeridas na graduação. Esse resultado indica a necessidade de compreender a autoeficácia acadêmica dos estudantes do ensino médio, bem como de realizar intervenções que possam fortalecer as crenças dos estudantes, visando ao preparo para o ingresso ao ensino superior (Guerreiro-Casanova & Polydoro, 2011).

Por meio dos resultados das pesquisas, brevemente descritas aqui, pode-se elaborar ações que visem contribuir para a prática educativa. Algumas dessas implicações serão abordadas no tópico seguinte.

- No Brasil, diversas pesquisas têm sido realizadas sobre autoeficácia acadêmica com estudantes do ensino fundamental, médio e superior.
- Pesquisas com estudantes do ensino médio brasileiro revelam que: a maioria deles percebe-se com moderada autoeficácia acadêmica; estudantes que se percebem autoeficazes fazem mais uso de estratégias de estudo e aprendizagem; a autoeficácia, as metas de realização e as metas de estrutura de sala de aula trazem contribuições para o aprendizado.

Implicações para a prática educativa

Como notado, a motivação é uma condição implícita no processo de ensino e aprendizagem. Uma vez que as crenças de autoeficácia contribuem para elevar ou diminuir a motivação dos estudantes, construir e manter ambientes propícios à manutenção de crenças de autoeficácia acadêmica são aspectos que beneficiarão a todos os envolvidos no contexto educacional. A Teoria Social Cognitiva propõe que o ser humano é influenciado por aspectos ambientais, pessoais e comportamentais. As crenças de autoeficácia podem ser influenciadas pelas próprias experiências acadêmicas, pelas realizações de seus pares e/ou professores, pelos *feedbacks* que as outras pessoas lhe dão e pelos seus sentimentos.

Sugere-se algumas condições para a promoção das crenças de autoeficácia dos estudantes, por exemplo, a inserção de propostas de atividades acadêmicas nas quais os estudantes obtenham sucesso e percebam suas capacidades nessa realização. Ter clareza das habilidades e dos conhecimentos que seus estudantes já possuem é o primeiro requisito para que se possa planejar e organizar atividades acadêmicas adequadas à promoção da aprendizagem e ao desenvolvimento de habilidades mais complexas. O uso de atividades diretas e orientadas, estruturadas em etapas gradativas, partindo-se de objetivos mais simples para os mais desafiadores, bem como o ensino de estratégias relevantes para se atingir tais objetivos constituem-se como importantes ferramentas didáticas.

A orientação docente, que se inicia com maior frequência e diminuiu à medida que o estudante desenvolve maior competência nas atividades propostas, necessita proporcionar *feedback* aos estudantes, de modo que estes possam obter, com clareza, informações sobre o êxito – ou não – em determinadas atividades e o porquê disso ter ocorrido. O próprio reconhecimento e o incentivo de pessoas significativas dos estudantes sobre as realizações acadêmicas também facilitam o desenvolvimento de crenças de autoeficácia mais positivas. Tais eventos podem contribuir para desenvolver e manter as crenças de autoeficácia, bem como criar condições para que os estudantes percebam que, se seus pares são capazes de fazê-lo, eles também o poderão fazer.

O presente capítulo buscou apresentar um esboço parcial da Teoria Social Cognitiva, especificamente a autoeficácia acadêmica, e dados de pesquisas realizadas sobre o tema com estudantes, no qual teve como foco o ensino médio. A seguir são apresentadas algumas sugestões de leituras para aprimorar o conhecimento.

- Crenças de autoeficácia acadêmica contribuem para a motivação escolar do estudante.
- Planejar as atividades didáticas de acordo com as habilidades dos estudantes, iniciando por objetivos mais simples e progressivamente ampliar as dificuldades, pode contribuir para a construção da autoeficácia acadêmica.
- Pessoas importantes na vida do estudante podem ser fontes de autoeficácia por meio da utilização de *feedback* adequado.

Para refletir

Leitor, observe a ilustração a seguir. Nela há uma representação fictícia de uma sala de aula. Há um professor, alguns alunos e cada um deles, aparentemente, demonstram comportamentos diferentes entre si. Observe cada aluno e tente compreender o que cada um deles pode estar expressando durante a aula. Sabe-se que não se pode afirmar se um aluno percebe-se autoeficaz apenas olhando para ele, mas, para possibilitar uma reflexão sobre esse conceito, pedimos que você tente encontrar alunos que podem se sentir mais autoeficazes academicamente que outros.

© Ruriá Gama Azzi

Os seguintes itens podem auxiliar a refletir e/ou a discutir sobre esse tema:

- Por que você acha que determinado aluno pode ter uma crença de eficácia mais forte que outro? Que pistas encontrou nos desenhos que podem justificar sua hipótese?
- Quais seriam os possíveis motivos dos alunos para não se sentirem autoeficazes? Os dados das pesquisas apresentadas anteriormente podem lhe oferecer alguma ideia sobre isso.
- Que ações poderiam ser realizadas para fortalecer a crença de autoeficácia acadêmica dos alunos que parecem ter essa crença mais baixa?

Leia mais

- Azzi, R. G., & Polydoro, S. A. J. (Org.) (2006). *Autoeficácia em diferentes contextos.* Campinas, SP: Alínea.
- Bandura, A., Azzi, R. G., Polydoro, S. A. J. *et al.* (2008). *Teoria Social Cognitiva, conceitos básicos.* Porto Alegre: Artmed.
- Boruchovitch, E., Bzuneck, J. A., & Guimarães, S. E. R. (Orgs.) (2010). *Motivação para aprender: aplicações no contexto educativo.* Petropólis: Vozes.

Navegue na Internet

- Aspectos sobre a Teoria Social Cognitiva

  www.teoriasocialcognitiva.net.br
  http://www.guia-psi.com/

- Artigo sobre Estratégias de Aprendizagem e Fatores Motivacionais

  http://www.scielo.br/scielo.php?script=sci_arttext&pid=S0104-40602010000100008&lng=pt&nrm=is

- Artigo sobre autoeficácia acadêmica de estudantes de ensino médio

  http://www4.uninove.br/ojs/index.php/eccos/article/view/2349

Referências

Azzi, R. G., Guerreiro-Casanova, D. C., & Dantas, M. A. (2010). Autoeficácia acadêmica: uma possibilidade para refletir sobre o ensino médio. *Eccos revista científica, 12*(1), 51-68.

Azzi, R. G., Guerreiro-Casanova, D., Dantas, M. A., & Maciel, A. C. (2011). Academic self-efficacy and learning and study strategies: Brazilian students' perceptions. *15th Biennial of the International Study Association on Teachers and Teaching, Legacies, Continuities and Changes in Educational Policy, Practice and Research*, Braga, Portugal.

Azzi, R. G., & Polydoro, S. A. J. (2010). O papel da autoeficácia e autorregulação no processo motivacional. In E. Boruchovitch, J. A. Bzuneck, S. E. R. Guimarães (Org.). *Motivação para aprender: aplicações no contexto educativo* (pp. 126-144). Petrópolis: Vozes.

Bandura, A. (1993). Perceived self-efficacy in cognitive development and functioning. *Educational psychologist, 28*(2), 117-148.

Bandura, A. (1995). Exercise of personal and collective efficacy in changing societies. In A. Bandura *Self-efficacy in changing societies*, (pp. 1-45). Cambridge: Cambridge University Press.

Boruchovitch, E., & Bzuneck, J. A. (2010). Motivação para aprender no Brasil: estado da arte e caminhos futuros. In E. Boruchovitch, J. A. Bzuneck, & S. E. R. Guimarães (Orgs.). *Motivação para aprender: aplicações no contexto educativo* (pp. 321-250). Petropólis: Vozes.

Costa, E. R., & Boruchovitch, E. (2006). A autoeficácia e a motivação para aprender. In R. G. Azzi, & S. A. J. Polydoro (Orgs). *Autoeficácia em diferentes contextos* (pp. 87-109). Campinas: Alínea.

Guerreiro-Casanova, D.C., Ferreira, L.C.M & Azzi (no prelo). Autoeficácia acadêmica de estudantes de ensino médio: especificidades das séries e turnos. *Psicologia Ensino & Formação*, Brasília.

Guerreiro-Casanova, D. C. & Polydoro, S. A. J. (2011). Autoeficácia na formação superior: percepções durante o primeiro ano de graduação. *Psicologia, Ciência e Profissão, 31*(1) 50-65.

Martinelli, S. C., & Sassi, A. G. (2010). Relações entre autoeficácia e motivação acadêmica. *Psicologia, Ciência e Profissão, 30*(4), 780-791.

Pajares, F., & Olaz, F. (2008). Teoria Social Cognitiva e autoeficácia: uma visão geral. In A. Bandura, R. G. Azzi, & S. A. J. Polydoro (Orgs.). *Teoria Social Cognitiva, conceitos básicos* (pp. 97-114). Porto Alegre: Artmed.

Pintrich, P. R., & Schunk, D. H. (2002). *Motivation in education: theory, research and applications*. 2nd Edition. Upper Saddle River: Prentice Hall.

Polydoro, S. A. J., & Guerreiro-Casanova, D. C. (2010). Escala de autoeficácia na formação superior: construção e estudo de validação. *Avaliação Psicológica*, 9(2), 267-278, Itatiba.

Sakiz, G. (2008). An interview with Dale Schunk. *Educational Psychology Review, 20*, 485-491.

Schunk, D. H. (1995). Self-efficacy and education and instruction. In J. E. Maddux (Ed.). *Self-efficacy, adaptation and adjustment: theory, research and application* (pp. 281-303). Plenum Press: New York.

Zambom, M. P., Azzi, R. G., Polydoro, S. A. J., De Rose, T. M., & Guerreiro-Casanova, D. C. (2011, 11 a 14 de junho). Relations entre perceptions de la structure de la classe, auto-efficacité, buts d'accomplissement, stratégies d'apprentissage et performance dans un groupe de brésiliens. *Congrès 2011 de l'Association Francophone Internationale de Recherche Scientifique en Education*, Unesco. Paris, França.

Zibas, D. M. L., Ferretti, C. J., & Tartuce, G. L. B. P. (2006). Micropolítica escolar e estratégias para o desenvolvimento do protagonismo juvenil. *Cadernos de pesquisa, 36*(127), 51-58.

Zimmerman, B. J. (1995). Self-efficacy and educational development. In A. Bandura (Ed.). *Self-efficacy in changing societies* (pp. 1-45). Cambridge: Cambridge University Press.

Zimmerman, B. J, & Cleary, T. J. (2006). Adolescents' development of personal agency. In F. Pajares, & T. Urdan (Org.). *Self-efficacy beliefs of adolescents* (pp. 45-69). Connecticut: Information Age Publishing.

Desafios analíticos: Teoria Social Cognitiva no cotidiano

Roberta Gurgel Azzi
Elias José de Lima Junior
Warley Guilger Corrêa

Até aqui foi possível entrar em contato com os principais conceitos da Teoria Social Cognitiva de Albert Bandura. Entretanto, a apresentação dos conceitos nem sempre é suficiente, sendo necessário também compreender a sua aplicabilidade.

O primeiro volume desta série buscou, por meio de um texto introdutório, apresentar a Teoria Social Cognitiva ao leitor e, também, demonstrar a aplicabilidade dela com exemplos e atividades. Tal proposta se manteve neste segundo volume.

Com o objetivo de estudar a Teoria Social Cognitiva, foi criado, pela professora Roberta Gurgel Azzi e cocoordenado pelo professor Roberto Tadeu Iaochite e pela professora Ana Paula Basqueira, um grupo de estudos formado por psicólogos e educadores que reuniu-se semanalmente durante todo o ano de 2013. Uma das estratégias utilizadas no grupo para favorecer o reconhecimento da teoria vista nas ações cotidianas consistiu na criação e análise de um caso. Um desses casos, desenvolvido por um psicólogo e por um educador, foi incluído neste livro e pode auxiliar o leitor a entender uma possibilidade de olhar o cotidiano educacional pela visão da TSC.

Objetivando desafiar o leitor durante a leitura do caso, o texto analítico só é inserido após a descrição da história elaborada pelos autores. Cabe ressaltar que a leitura analítica permite uma leitura teórica possível, mas que não é facilmente realizada por um principiante no referencial teórico. Com intuito de favorecer também um exercício de análise, o caso será apresentado separando sua descrição de sua análise e inserindo, em meio a essas duas partes, uma proposta de análise do leitor por meio de atividades dirigidas, considerando o caso descrito e a exposição teórica anteriormente exposta.

O professor José e o 7º ano H: um professor iniciante no enfrentamento de classe indisciplinada

Elias José de Lima Junior
Warley Guilger Corrêa

José sonhava em ser professor, mas era projetista elétrico. Havia dez anos que exercia essa função em uma empresa multinacional, entretanto, desde sua formação em eletrotécnica, acalentava o sonho de ser professor. Sonho este que adquiriu caráter de urgência quando assistiu a uma palestra apresentada por um diretor de renomada instituição financeira. Este executivo, aos 60 anos, apesar do sucesso em sua profissão, relatou conviver com a enorme frustração de não ter realizado o sonho de ser professor.

Contando com o apoio de sua esposa que estava gestante, José ingressou em um curso de graduação em história de uma universidade particular. Assim, deu início à busca pelo seu sonho, apesar das dificuldades que já imaginava enfrentar. José manteve o emprego enquanto estudava no período noturno. Acordava muito cedo, dormia muito tarde e, ainda, gastava bastante tempo em locomoção. Em casa, dividia seu tempo entre os estudos e suas novas funções como pai. As despesas da família aumentaram muito com a chegada do filho e os gastos com os estudos, mas ainda cabiam no orçamento que seu emprego propiciava.

Cursando a faculdade, José sempre conseguiu boas notas e obteve êxito em apresentações públicas como seminários em classe, sendo bem avaliado pelos colegas e professores, que frequentemente faziam comentários positivos sobre sua competência para ensinar. Muitas vezes, foi requisitado pelos demais colegas de curso para ensinar-lhes os conteúdos de diversas disciplinas que encontravam dificuldade. Nessas situações, gostava de reproduzir a maneira como alguns de seus professores lecionavam, pois os admirava e os enxergava como modelos a serem seguidos.

Durante os estágios obrigatórios, José havia vivido breves experiências como professor e vencido alguns desafios. O primeiro foi conseguir realizar os estágios, pois, conseguir conciliar o trabalho, o estudo à noite e os estágios não foi tarefa fácil. Foi necessário um minucioso planejamento de modo a conseguir utilizar as férias do trabalho e/ou faculdade para a realização dos estágios. Obteve bons resultados ensinando conteúdos simples e outros complexos, para os quais havia despendido maior esforço de estudo. Também se desafiou ao lecionar para grupos proativos e empenhados, mas dispostos a criticar e exigir, e, ainda, para salas de aulas compostas em sua maioria por alunos reativos, acomodados e desinteressados. José, em todas essas situações julgou-se bem-sucedido, interpretando os resultados de aprendizagem de seus alunos como positivos e satisfatórios. Seu desempenho lhe rendeu elogios de alguns alunos e de um professor que admirava.

No entanto, é importante ressaltar que essas salas de aula apresentavam uma característica em comum: poucas situações de indisciplina. Alguns grupos mais e outros menos participativos e interessados, mas, na maioria das vezes, faziam silêncio durante suas explicações e o respeitavam como professor.

Durante a graduação na faculdade de história, José acreditava cada vez mais que seria capaz de ensinar. Tal crença foi fortalecida ainda mais quando foi aprovado em segundo lugar em um concurso público municipal para professores de história em sua cidade. As palavras de apoio da esposa, colegas de classe e professores, somadas às experiências de assistir aulas de professores que admirava e o seu bom desempenho no curso e estágios, culminando com sua aprovação em um concurso público, contribuíram para que José, firmemente convencido de que estava preparado para ensinar, pedisse demissão da empresa em que trabalhava, para viver o sonho de ser professor. Graduado e aprovado em concurso público, José iniciou sua jornada como docente em uma escola municipal de sua cidade, considerada de elite. Nessa escola, os alunos eram distribuídos pelos anos conforme nível de aprendizado e comportamento disciplinado, sendo classificada como "A" a turma dos alunos com melhores índices. A atribuição ou escolha de aulas nessa rede municipal de ensino respeitava a pontuação dos professores, adquirida principalmente pelo tempo de magistério. Dessa forma, os professores iniciantes tendiam a receber as classes com pior desempenho.

José, na atribuição/escolha de aulas, por ser professor iniciante, acabou ficando com o 7º ano H, considerado uma das piores turmas da escola. Essa turma, composta em sua maioria por alunos que já haviam sido reprovados em anos anteriores, era conhecida por não realizar as atividades propostas, não respeitar os professores e questionar todo tipo de autoridade escolar.

Em seu 1º dia de aula, José, crendo que o domínio do conteúdo era o suficiente para ser um bom professor, considerando que suas experiências anteriores foram bastante significativas, apresentava-se calmo, animado e disposto, tendo clareza do conteúdo que ensinaria.

Ao aproximar-se da sala em que ficava o 7º H, percebeu que boa parte dos alunos estava fora da classe. Com muito esforço, fez que entrassem, mas não que se sentassem. Após algumas tentativas de negociação, começou a gritar para que ficassem em silêncio e se acomodassem. Entretanto, quanto mais exigia e gritava, mais os alunos se movimentavam na sala. José se sentia angustiado, ansioso e nervoso, agindo de maneira que considerava imprópria e mesmo assim não conseguindo dar início à aula. Então, um dos alunos gritou: "O lixo está pegando fogo!". Em um ato de desespero, o professor apagou o fogo com o próprio pé, enquanto os alunos caçoavam do seu total descontrole. Diante do caos, encerrou a aula sem saber quem foi o incendiário.

Na sala dos professores, durante o intervalo, ele relatou o ocorrido a um colega e afirmou: "O 7º H não me deu uma chance de mostrar o que eu sei. Senti-me totalmente incompetente. Não sei lidar com a indisciplina. Preciso descobrir uma forma de exercer um bom domínio de sala de aula para turmas indisciplinadas". Como resposta, ouviu do colega: "Calma. Você não tem culpa, essa classe é assim mesmo. Aquela molecada não tem jeito, eles não querem nada com nada".

Nas aulas seguintes, as situações de indisciplina se mantiveram. José lançou mão de novas estratégias para conseguir que os alunos lhe dessem alguma atenção, mas em vão. Acreditava que se tivesse uma chance de expor seu conhecimento seduziria os alunos. Apresentou filmes, propôs debates, organizou seminários. Mas todas essas atividades culminaram em mais bagunça. Com a sucessão de fracassos, sensações como ansiedade, angústia, medo e pessimismo aumentavam em intensidade e frequência. Então, José começou a diminuir seu empenho para aquelas aulas e a programar suas faltas a que tinha direito, durante o ano letivo, para os dias em que estaria naquela sala.

Paralelamente a isso, experiências em outras turmas, com alunos interessados e pouco indisciplinados, fizeram José não perder completamente sua confiança em ensinar, pois nessas circunstâncias obteve vários resultados positivos, conseguindo apresentar, além de boas estratégias de ensino, uma boa gestão de classe e um engajamento significativo dos alunos, sendo reconhecido por eles, pelos seus pais, colegas de profissão e gestores da escola como bom professor.

O fracasso com o 7º H fez José perceber claramente que, para ser um bom professor, não basta dominar o conteúdo pedagógico que vai ensinar, é necessário também desenvolver habilidades de gestão em sala de aula e a capacidade de influenciar o engajamento dos alunos, principalmente para ensinar turmas com histórico de indisciplina. Sabendo que era inevitável na carreira do magistério ensinar turmas semelhantes ao 7º H, no decorrer dos anos, ele estudou procurando estratégias para lidar com esse tipo de classe. Leu livros e artigos, assistiu a palestras sobre indisciplina, além de observar outros professores em ação. Apoiado nesses novos conhecimentos, desenvolveu suas próprias estratégias, muitas fracassaram e outras foram bem-sucedidas. Até que adquiriu um variado repertório de ações, desenvolvendo sua capacidade de avaliar as necessidades específicas da maioria das turmas de alunos, para, então, planejar e executar estratégias apropriadas, sentindo-se cada vez mais capaz de enfrentar novos desafios, inclusive em turmas indisciplinadas. Ao olhar para trás, José sente orgulho de ter trilhado um caminho que o conduzisse à realização de seu sonho: ser professor! Hoje, ele se sente realizado, satisfeito com seu trabalho docente, mesmo que ainda existam alguns desafios em seu cotidiano escolar. Talvez esses sempre irão existir.

Exercitando a compreensão dos constructos

Agora vamos ver se você compreendeu a proposta e os conceitos discutidos. A seguir, serão apresentadas algumas questões baseadas no caso do professor José. Procure responder considerando os conceitos da Teoria Social Cognitiva (TSC) discutidos. Bom trabalho!

Você encontrará o gabarito das questões no final deste capítulo.

1. Ao ler sobre o caso anterior, podemos afirmar que após a aprovação no concurso público, o professor José ministrou suas primeiras aulas para uma turma disciplinada e participativa:

a) verdadeiro;

b) falso.

2. Situações como excesso de ansiedade, alterações do estado de humor, elevação dos níveis de estresse vivenciados pelo professor José estão relacionados:

a) ao aumento da confiança para ensinar;

b) à redução da confiança para ensinar.

3. Ao deixar o emprego como bancário e iniciar a carreira docente, o professor José assumiu desafios, acreditou que conseguiria ensinar e se manteve persistente, mesmo quando os fracassos apareceram. Essas características estão relacionadas com:

a) autoeficácia;

b) medo do fracasso;

c) coragem;

d) insatisfação.

4. Conforme apontado no texto, o professor acreditou que era capaz de ensinar e desenvolveu diferentes estratégias e as aplicou com algumas turmas obtendo sucessos e fracassos. Além disso, fez replanejamentos quando solicitado pela direção e/ou apontado por colegas, e refletiu sobre sua prática. Isso nos dá algum indicativo de que:

I. Há relações entre a crença nas próprias capacidades e motivação.

II. O fracasso fez que o professor desistisse da sala.

III. Ter recebido apoio dos colegas de profissão ajudou o professor a acreditar que poderia ensinar.

a) as afirmações II e III estão corretas;

b) as afirmações I e III estão corretas;

c) apenas a afirmação I está correta;

d) nenhuma das anteriores.

5. Ao obter resultados de sucesso com os alunos, em especial os da turma H, o professor José teve sua autoeficácia elevada. Isso pode ser atribuído à fonte de:

a) observação;

b) persuasão dos colegas;

c) experiência direta de domínio;

d) estados afetivos.

6. Conforme apontado no texto, a autoeficácia do professor pode ser avaliada segundo três dimensões, a saber:

a) manejo de classe, experiência docente, persistência;

b) experiência docente, motivação, manejo de classe;

c) persuasão, motivação e manejo de classe;

d) manejo de classe, estratégias instrucionais, engajamento do aluno.

7. Diferentes situações como observar um professor competente ensinando um grupo de alunos, ensinar turmas diferentes, receber comentários dos alunos sobre a aula, sentir satisfação em ensinar são fontes de informação que podem constituir a autoeficácia do professor:

a) verdadeiro;

b) falso.

8. Tão importante quanto possuir habilidades e competências para ensinar é acreditar em o quanto se pode fazer com aquilo que se possui para ensinar. Essa afirmação é:

a) verdadeira;

b) falsa.

9. Considerando o primeiro dia de aula na sala do 7º H, pode-se afirmar que a crença de autoeficácia para lecionar de José foi enfraquecida adiante da situação de não conseguir fazer os alunos se sentarem, nem permanecerem quietos para que fosse possível transmitir o conteúdo previsto. Tal enfraquecimento pode ser atribuído à fonte de:

a) observação;

b) experiência direta negativa.

10. Os pedidos de colegas para que José ensinasse a eles o conteúdo ainda durante a faculdade e os elogios de colegas e professores salientando sua capacidade de lecionar são exemplos que possibilitaram o fortalecimento da crença de autoeficácia de José. Tal fortalecimento pode ser atribuído à fonte de:

a) persuasão social;

b) estados emocionais.

11. O exemplo do professor José indica que o processo de formação docente:

a) não deve focar em nenhum aspecto específico, mas sim considerar tanto as estratégias instrucionais como o manejo de classe e o engajamento dos alunos;

b) deve focar apenas no desenvolvimento de estratégias instrucionais.

c) deve focar apenas em estratégias que desenvolvam o manejo de classe pelo professor;

d) deve focar em estratégias para desenvolver o engajamento dos alunos.

12. O caso do professor José é um exemplo de:

a) oscilação da crença de autoeficácia;

b) especificidade da crença de autoeficácia;

c) generalidade da crença de autoeficácia;

d) oscilação e especificidade da crença de autoeficácia.

Análise dos autores do caso sobre a crença de autoeficácia do professor José

Os primeiros sinais de uma forte crença de autoeficácia docente foram expostos por José após o término do seu curso de graduação em história, quando abandonou o emprego que possuía para dar início à carreira docente. Isso porque a seleção dos desafios nos quais uma pessoa se engaja é uma das formas pela qual se demonstra a robustez de sua crença de autoeficácia. "Os indivíduos tendem a selecionar tarefas e atividades em que se sintam competentes e confiantes e evitam aquelas em que não se sentem assim" (Pajares & Olaz, 2008, p. 106). Diversos fatores podem motivar um indivíduo a lançar-se em novos projetos, mas sem uma forte crença de autoeficácia, dificilmente se engajaria em qualquer um desses desafios.

Em seu primeiro dia de aula, José demonstra sua forte crença de autoeficácia para lecionar, percebida por meio de sua calma, animação e disposição para ensinar.

Estados somáticos e emocionais, como a ansiedade, o estresse, a excitação e os estados de humor, também proporcionam informações sobre as crenças de autoeficácia. As pessoas podem avaliar seu grau de

> confiança por seu estado fisiológico enquanto pensam em uma determinada ação (Pajares & Olaz, 2008, p. 105).

José se sentia seguro sobre sua capacidade de lecionar, pois quando foi aluno e estagiário viveu algumas experiências de domínio positivas que reforçaram sua crença sobre a própria capacidade de apresentação em público, esclarecimento de conteúdos escolares e mobilização dos alunos para aprendizagem. Ainda, recebeu reforço dessa crença por meio da persuasão social exercida por colegas de classe e professores, que elogiaram sua capacidade de ensinar. Entretanto, José superestimava sua capacidade de lecionar, pois acreditava que, para ensinar com qualidade, o domínio e a habilidade de exposição do conteúdo programado seriam suficientes. Em suas experiências anteriores, muito pouco foi exigido sobre manejo de classe.

> Não é incomum que indivíduos superestimem ou subestimem as suas capacidades e sofram as consequências de tais erros de avaliação. Essas consequências do julgamento errôneo desempenham um papel no processo contínuo de autoavaliação de eficácia (Pajares & Olaz, 2008, p. 107).

Pajares e Olaz citam Bandura (1997) e afirmam: "o nível de motivação, os estados afetivos e as ações das pessoas baseiam-se mais no que elas acreditam do que no que é objetivamente verdadeiro" (2008, p. 102). Prosseguem afirmando, "quando os indivíduos não estão certos da natureza de sua tarefa, suas avaliações de eficácia podem enganá-los" (Pajares & Olaz, 2008, p. 107).

Ao tentar iniciar a aula e deparar-se com uma situação inesperada de indisciplina, percebeu que suas experiências anteriores não foram suficientes para a realização da atividade a que se propôs, naquela circunstância específica. Considerando que a crença de autoeficácia passa por um processo de autoavaliação contínua, esse julgamento errôneo promoveu uma reavaliação de sua crença de autoeficácia no domínio de lecionar. Naquele momento, sua crença de autoeficácia foi enfraquecida pela experiência direta negativa, levando-o a experimentar sensações de angústia, ansiedade e nervosismo, além da dificuldade em planejar e executar qualquer plano de ação.

Nos dias seguintes, as experiências diretas negativas acumularam-se, apesar do empenho de José em desenvolver diferentes estratégias de ensino, o que gradativamente foi diminuindo ainda mais sua crença de autoeficácia docente, especificamente para lidar com salas de aula indisciplinadas. Estados emocionais negativos, angústia, ansiedade e medo foram intensificados, a motivação diminuiu e o afastamento da situação-problema tornou-se evidente por meio das faltas programadas.

> Crenças de competência pessoal proporcionam a base para a motivação humana, o bem-estar e as realizações pessoais. Isso porque, a menos que acreditem que suas ações possam produzir os resultados que desejam, as pessoas terão pouco incentivo para agir ou perseverar frente as dificuldades (Pajares & Olaz, 2008, p. 101).

Paralelamente a isso, José vivenciava experiências eficazes de domínio de classe, exposição de conteúdo e engajamento dos alunos em outras salas de aula, nas quais os alunos apresentavam maior interesse e pouca indisciplina. Esses sucessos ocorreram após a superação dos desafios às suas habilidades em organizar e executar estratégias instrucionais, promovendo o fortalecimento de sua crença de autoeficácia por meio de sua fonte de maior influência: a experiência de domínio. Portanto, a fraca crença de autoeficácia para lecionar estava limitada às circunstâncias semelhantes do 7º H, no que diz respeito ao comportamento indisciplinado dos alunos. Bandura (1997, citado por Pajares & Olaz, 2008, p. 108) adverte:

> [...] crenças de autoeficácia devem ser mensuradas em termos de julgamentos particularizados de capacidade que podem variar em diferentes

níveis de exigências dentro de uma mesma área de atividade e em diferentes circunstâncias.

O professor José julgava negativamente sua capacidade de organizar e executar cursos de ação necessários para lecionar alunos indisciplinados. No entanto, para lecionar grupos com mais disciplina e interesse, o julgamento de sua capacidade era positivo, mesmo em situações desafiadoras.

Com o passar dos anos, após inúmeras experiências diretas e demonstrando persistência na procura de estratégias de ensino mais eficazes no enfrentamento de classes indisciplinadas, gradativamente José fortaleceu sua crença de autoeficácia docente, mesmo em situações de indisciplina.

A história do professor José é um exemplo da oscilação e especificidade da crença de autoeficácia. É interessante observar a variação do julgamento que esse professor fez sobre a sua capacidade de organizar e executar ações necessárias para ensinar. Inicialmente, percebemos uma robusta percepção de autoeficácia docente construída por experiências bem-sucedidas, caracterizadas por estados satisfatórios de realização pessoal, elogios de professores e colegas durante o curso de graduação em história e no estágio obrigatório, mas com pouca oportunidade de avaliar suas habilidades docentes em uma maior variedade de circunstâncias de sala de aula. José, em sua primeira experiência como profissional, ao defrontar-se com uma classe indisciplinada, faceta muito comum no atual cenário educacional, mas para a qual não havia se preparado, quer por fontes de ação diretas ou de modelos, transformou o ato de ensinar em um grande desafio, pois, para lecionar em classes indisciplinadas, é necessário um maior repertório de ação, e, no caso de José, exigia habilidades que ainda não haviam sido desenvolvidas e testadas. Assim, sua crença de autoeficácia enfraqueceu diante dos novos contornos do magistério, mas não o suficiente para fazê-lo desistir do sonho de ensinar. José persistiu apesar das dificuldades, mas a sequência de fracassos enfraqueceu sua confiança na capacidade de lecionar em situações semelhantes ao 7º H.

No entanto, as experiências diretas e positivas que tinha com as outras classes sempre mantiveram a sua crença com intensidade suficiente para encorajá-lo a procurar técnicas para lidar com as questões disciplinares. Com o passar dos anos, a crença de autoeficácia docente do professor José voltou a ser fortalecida, com o desenvolvimento de novas estratégias de manejo de classe, que o tornaram mais seguro para o enfrentamento dos desafios docentes em uma maior variedade de circunstâncias.

Chama a atenção a variação da força da crença de autoeficácia para lecionar do professor José em diferentes circunstâncias no mesmo campo de atuação, pois se julgava capaz de organizar e executar cursos de ação necessários para atingir seus objetivos de ensino em determinadas circunstâncias, mas não confiava na mesma capacidade em outras situações. Ele tinha uma forte crença de autoeficácia docente em situações que não precisassem lidar com comportamentos indisciplinados dos alunos, denotando menor capacidade de manejo de classe para engajamento dos alunos quando estes eram indisciplinados.

Segundo Tschannen-Moran e Hoy (2001), a autoeficácia docente deve ser avaliada sob três dimensões: manejo de classe, estratégias instrucionais e engajamento do aluno. Para ensinar diferentes grupos de alunos, são necessários distintos níveis de capacidade de manejo de classe. Portanto, diariamente o professor não viveria sob influência de uma mediana crença de autoeficácia, mas sim teria seu comportamento, pensamento, afetividade e motivação influenciados, ora por forte sentido de autoeficácia, ora por sua frágil crença de capacidade.

O caso do professor José demonstra a necessidade de não focar o processo de formação docente apenas em estratégias instrucionais, mas ampliá-la para o manejo de classe e engajamento dos alunos. Para essa ampliação, torna-se necessário que o estágio obrigatório seja realizado em condições que proporcionem aos futuros professores experiências diretas com turmas de alunos de diferentes comportamentos, disciplinados e indisciplinados. Faz-se necessário, também, que o contexto de graduação acadêmica desenvolva a persuasão social, incentivando o professor a vencer os desafios. Tal incentivo deveria continuar durante a prática docente, principalmente nos primeiros anos da profissão. Somando-se a essas ações, é necessário criar situações em que o professor iniciante ouça os professores mais experientes compartilharem a forma como desenvolveram o manejo de classe e o engajamento dos alunos em diversas circunstâncias, inclusive em classes indisciplinadas. Essas ações fortalecerão a crença de autoeficácia docente, fazendo que os professores se sintam mais seguros, motivados e dispostos a buscar novas estratégias de ensino, manejo de classe e engajamento dos alunos.

Gabarito das questões propostas sobre o caso:

GABARITO												
Questões	1	2	3	4	5	6	7	8	9	10	11	12
Resposta Correta	B	B	A	B	D	D	A	A	B	A	A	D

Navegue na Internet

Visite os sites abaixo e navegue nas produções, criações e projetos que estão sendo feitos a partir da Teoria Social Cognitiva:

- http://www.teoriasocialcognitiva.net.br/
- www.saladeprofessor.net.br
- http://www.conversasdoelpidio.net.br/

Referências

Azzi, R. G., & Polydoro, S. A. J. (2006). *Autoeficácia em diferentes contextos*. Campinas: Alínea.

Azzi, R. G., Guerreiro-Casanova, C., & Dantas, M. A. (2012). *Eficácia coletiva de professores: análise de escalas internacionais de avaliação. Avaliação Psicológica*, 11(2), 181-190.

Azzi, R. G., & Gianfaldoni, M. H. T. A. (2011). *Psicologia e Educação. Volume I*. Série ABEP Formação. Itatiba: Casa do Psicólogo.

Bandura, A., Azzi, R. G., Polydoro, S. (2008). *Teoria Social Cognitiva, conceitos básicos*. Porto Alegre: Artmed.

Ferreira, L. C. M. (2010). *Relação entre a crença de auto-eficácia docente e a síndrome de burnout em professores do ensino médio*. Tese de Doutorado, Faculdade de Educação, Universidade Estadual de Campinas, São Paulo, Brasil.

Klassen, R. M., & Chiu, M. M. (2010). Effects on teachers' self-efficacy and job satisfaction: teacher gender, years of experience, and job stress. *Journal of Educational Psychology*, 102(3), 741-756.

Pajares, F., & Olaz, F. (2008). Teoria social cognitiva e auto-eficácia: uma visão geral. In A. Bandura, R. G. Azzi, & S. Polydoro (Orgs.). *Teoria Social Cognitiva, conceitos básicos* (pp. 97-114). Porto Alegre: Artmed.

Tschannen-Moran, M., Hoy, A. W., & Hoy, W. K. (2001). Teacher efficacy: capturing an elusive constructo. *Teaching and Teacher Educacion, 17*, 7783-805.

Sobre os autores

Cacilda Encarnação Augusto Alvarenga

Pedagoga, mestre e doutora em educação pelo Programa de Educação da Faculdade de Educação da Universidade Estadual de Campinas (Unicamp), pós-doutoranda da Unidade de Pesquisa Apprentissage, Didactique, Évaluation et Formation (ADEF), Groupe d'Étude sur l'Education Scientifique, Technologique et Professionnelle (GESTEPRO) da Université d'Aix-Marseille (AMU--França), bolsista Capes/Brasil. Pesquisadora-colaboradora do Núcleo de Estudos Avançados em Psicologia Cognitiva e Comportamental (Neapsi) e do Núcleo de Informática Aplicada à Educação (Nied), ambos núcleos de estudos da Unicamp.

Daniela Couto Guerreiro-Casanova

Pedagoga, mestre e doutora em educação pelo Programa de Educação da Faculdade de Educação da Unicamp, colaboradora do Núcleo de Estudos Avançados em Psicologia Cognitiva e Comportamental da Unicamp (Neapsi-Unicamp).

Diana Aguiar Vieira

Psicóloga, doutora em psicologia pela Universidade do Porto, Portugal. Professora adjunta do Instituto Superior de Contabilidade e

Administração do Porto, do Instituto Politécnico do Porto, Portugal. Investigadora doutorada integrada do Centro de Desenvolvimento Vocacional e Aprendizagem ao Longo da Vida, da Faculdade de Psicologia e Ciências da Educação da Universidade do Porto.

Elias José de Lima Junior

Graduado em história e pedagogia pela Faculdade de Ciências e Letras Plínio Augusto do Amaral de Amparo-SP, especialização em gestão educacional pela Universidade Estadual de Campinas (Unicamp), colaborador do Núcleo de Estudos Avançados em Psicologia Cognitiva e Comportamental (Neapsi) da Unicamp. Coordenador pedagógico no Centro de Formação dos Educadores Municipais de Sumaré-SP (Cefems).

Luiza Cristina Mauad Ferreira

Psicóloga, doutora em educação pelo Programa de Educação da Faculdade de Educação da Unicamp, colaboradora do Neapsi-Unicamp.

Marilda Aparecida Dantas

Psicóloga, mestre em avaliação psicológica pela Universidade São Francisco, docente da Faculdade de Jaguariúna (FAJ), São Paulo, doutoranda do Programa de Educação da Faculdade de Educação da Unicamp, colaboradora do Neapsi-Unicamp.

Roberta Gurgel Azzi

Docente do Departamento de Psicologia Educacional da Faculdade de Educação da Unicamp. Coordenadora do Neapsi-Unicamp.

Roberto Tadeu Iaochite

Educador físico, doutor em educação pelo Programa de Educação da Faculdade de Educação da Unicamp. Professor-assistente doutor do Departamento de Educação do Instituto de Biociências da Universidade Estadual Paulista Júlio de Mesquita (IB-Unesp), *campus* de Rio Claro. Colaborador do Neapsi-Unicamp e membro do Núcleo de Estudos e Pesquisas em Formação Profissional no Campo da Educação Física da Unesp (Nepef-Unesp).

Warley Guilger Corrêa

Psicólogo pela Pontifícia Universidade Católica de Campinas e colaborador do Neapsi-Unicamp.